À tous ceux et celles qui ont exprimé
leur amour pour cette région
et qui m'ont invitée à m'en inspirer

Données de catalogage avant publication (Canada)

Foreman, Michèle
        L'histoire savoureuse d'une région – Bas-Saint-Laurent

Photos : Michèle Foreman
        (Photo page 12 – Famille St-Pierre)
        (Photo page 21 – Marc Laperrière)

Les photos ont été prises en pleine nature,
sans artifices pour modifier l'apparence des aliments.

ISBN 2-9808183-1-3

Dépôt légal – Bibliothèque nationale du Québec, 2004
Dépôt légal – Bibliothèque nationale du Canada, 2004

Imprimé au Québec

Dans la même collection :
        L'histoire savoureuse d'une région Outaouais – 2003

www.stellaireediteur.com

TABLE DES MATIÈRES

AVANT-PROPOS

Hommage est rendu au talent et à l'ingéniosité des artisans ! C'est l'expression de la reconnaissance de l'échange entre les producteurs et les cuisiniers et pâtissiers, qui perpétuent les traditions ou qui élaborent des produits admirables, qu'ils proviennent de la culture, de l'agriculture, de la pêche ou de la transformation, pour nous présenter des chefs-d'œuvre qui réjouissent tant l'œil et l'odorat que le palais.

Vous ne trouverez ici ni un répertoire ni une page d'histoire. Imaginez plutôt le récit d'une causerie d'un beau dimanche après-midi d'été. Une causerie avec des producteurs que vous n'aurez peut-être pas l'occasion de rencontrer et avec d'autres qui vous attendent pour vous proposer le fruit de leur labeur dans un geste parfois modeste, mais toujours généreux. C'est aussi une rencontre avec des aubergistes, des cuisiniers et des pâtissiers qui n'iraient plus vivre ailleurs.

Malgré un tableau mal brossé, cette route gourmande nous mène vers la découverte de produits exceptionnels et de recettes savoureuses, le tout couronné par une balade dans les rangs de campagne. Rien que d'y penser, ça donne envie de prendre la route du fleuve…

Ne vous privez surtout pas du plaisir de bavarder avec les artisans d'ici. Ce sont des femmes et des hommes courageux, généreux, qui vous raconteront leur métier, les produits, les valeurs, le terroir.

C'est aussi une invitation à venir admirer des couchers de soleil qui font envie…, à voir des pâturages qui s'étirent jusqu'au fleuve, à humer l'air rafraîchi qui fleure l'églantier, à cueillir les fruits de la camarine ou du genévrier, à écouter le cri de l'oie blanche, du goéland ou du cormoran, à découvrir des saveurs authentiques et à graver dans votre mémoire le doux souvenir d'un séjour exquis.

Je vous souhaite, par le biais de ce livre, non seulement de faire d'agréables découvertes, mais, surtout, d'entendre le message des gens d'ici et de tomber comme eux, comme moi, amoureux de cette région magnifique.

Michèle Foreman

LE BAS-SAINT-LAURENT
DANS TOUTES SES SPLENDEURS !

Le Bas-Saint-Laurent, c'est le fleuve ! Mais c'est aussi les lacs et les rivières, les îles, les hauts plateaux, les jardins et les forêts.

Sur la route des Navigateurs, entre La Pocatière et Sainte-Luce-sur-Mer, le fleuve joue à cache-cache pour surprendre davantage avec des panoramas émouvants au détour du chemin. Parfois, il faut deviner sa présence au bout d'un champ, parfois il faut faire une halte pour l'admirer de plus près.

Il faut aussi grimper jusqu'au belvédère, derrière l'église de Saint-Pacôme pour apprécier, à perte de vue, la nature grandiose de cette région et voir la rivière Ouelle qui court rejoindre le Saint-Laurent. Un petit crochet vers le fleuve, à Notre-Dame-du-Portage, permet de voir les grands hérons immobiles comme des penseurs, quand ce ne sont pas les oies blanches qui foulent les battures, avec l'archipel des Pèlerins en toile de fond.

Il faut pique-niquer sur les rives de la rivière Verte à L'Isle Verte, flâner sur une terrasse de l'Anse-au-Coques et admirer les reliefs du majestueux Parc national du Bic, de l'anse à Trois-Pistoles ou du Bic. Puis, à Rimouski, c'est la mer qui nous en met plein la vue !

On pourrait presque croire que le mot « charme » a été inventé pour décrire le paysage du Bas-Saint-Laurent. En fait, c'est l'impression que l'on a lorsqu'on circule à travers ces jolis villages qui se succèdent. Un charme qui ne se limite pas à l'architecture, mais qui est bien tangible par le biais de la culture, des circuits patrimoniaux, des concours et des festivals qui attirent les adeptes, et des tables exceptionnelles dont la gastronomie s'identifie aux saveurs authentiques et où la créativité est omniprésente.

À Rivière-du-Loup et à Rimouski – les citadines –, on peut musarder dans les boutiques, les cafés, les parcs et les musées... Prendre le pouls des centres-villes, converser avec les « locaux » et, le soir venu, observer les bâtisses se parer de rose, de violet, d'ocre et de safran... Les couchers de soleil sont ravissants !

On risque de filer trop rapidement sur la route 132, à la hauteur de Trois-Pistoles, et de rater l'occasion de poser le pied sur l'île aux Basques, théâtre des activités des baleiniers basques qui, dès 1584, venaient faire fondre la graisse des mammifères marins sur l'île.

Depuis Rivière-du-Loup ou Trois-Pistoles, il faut à tout prix emprunter la route vers le sud pour découvrir une région plus secrète, mais non moins ravissante : le Témiscouata ; le « Témis » comme l'appellent les gens d'ici. Les lacs Pohégamook et Témiscouata sont imposants et d'une beauté rare. À Notre-Dame-du-Lac, on prend le traversier pour rejoindre l'autre rive. Bienvenue dans le JAL ! Ce sigle désigne les villages de Saint-Juste-du-Lac, Auclair et Lejeune. La densité de la forêt et la présence des érablières impressionnent ; la sérénité des lieux est touchante.

En revenant du Témiscouata, sur la route 293, le petit village de Saint-Clément, apparaît de loin, serti comme dans un tableau pastoral. C'est l'exemple parfait de la vue qu'offrent les hauts plateaux. On semble voir à l'infini...

Voilà comment je vois cette belle région et sa nature qui me comble d'émotion. Venez partager la beauté et palper l'hospitalité des gens qui vous proposeront le Bas-Saint-Laurent dans toutes ses splendeurs !

LE TERROIR RACONTÉ

La Côte-du-Sud, qui va de Beaumont à Kamouraska, a été occupée progressivement de l'ouest vers l'est à partir des environs de 1650. Le territoire plus à l'est, qui va de Rivière-du-Loup à Sainte-Flavie, s'est développé principalement au cours du 19e siècle. La marche du peuplement vers les vallées de l'intérieur et des plateaux de l'arrière-pays a commencé vers le milieu du 19e siècle pour se prolonger, à certains endroits du Témiscouata, jusqu'au début du 20e siècle.

Grâce à la présence des îles de la Côte-du-Sud comme du fleuve nourricier, il y avait suffisamment d'éléments, avec la chasse, la pêche, la culture et la cueillette des petits fruits pour attirer les premiers colons. Dans les hautes terres, on retrouvait sensiblement les mêmes productions agricoles que sur le littoral. La transformation de l'eau d'érable a toujours accompagné le peuplement de la région et on a fait du sucre d'érable dès 1690, bien que la mise en valeur de ce produit du terroir soit plus récente.

En se développant vers l'est, on a créé des paroisses, dont Kamouraska, en 1672. On s'est arrêté à peu près à hauteur de Rivière-du-Loup, car la plaine littorale est intéressante, tandis qu'à partir de l'île Verte la côte est plus accidentée. Il faudra attendre près de 200 ans pour voir les hautes terres se développer ; l'arrivée du chemin de fer favorisera la fondation de nouvelles paroisses.

Entre 1800 et 1870, la Côte-du-Sud, y compris le Kamouraska, contribue à l'émergence de la deuxième région agricole en importance après la région de Montréal, avec le plus grand nombre de marchands ruraux. On pouvait désormais exporter les surplus, dont l'anguille, les céréales, le bœuf salé, le porc, le lard et le beurre par la première « autoroute » qui menait vers les grands centres : le fleuve.

La qualité des sols limoneux et argileux, l'air – qui est toujours aussi pur – et une température plus fraîche et plus humide que dans les hautes terres donnent des fourrages exceptionnels, les plus riches en protéines que l'on puisse trouver au Québec. Ces facteurs ont favorisé l'essor de l'industrie laitière ; le beurre de Kamouraska n'a pas tardé à être connu et reconnu. Ce n'est pas par hasard non plus que la toute première école d'agriculture a vu le jour à La Pocatière, en 1859.

Il ne manquait plus que des marchands ruraux. Ces derniers se sont donc peu à peu établis dans la région ; chaque village possède toujours une ou deux grandes maisons qui appartenaient à l'un d'eux. Amable Morin, notaire et grand marchand rural de Saint-Roch-des-Aulnaies, servira de modèle aux Dionne de Kamouraska, aux Chapais de Saint-Denis, aux Pelletier de Rivière-du-Loup, aux Bertrand de l'Isle-Verte…

À Saint-André-de-Kamouraska, le marchand Silfroy Guéret, dit Dumont, fait planter 1000 pruniers de Damas. Pourquoi, dès lors, ne pas expédier des prunes, des pommes et des poires dans ses bateaux qui transportaient déjà d'autres produits vers les grands marchés ? Le climat maritime est très favorable à la culture fruitière grâce à une bande d'environ deux kilomètres le long du fleuve où la masse d'eau a un effet régulateur.

L'AGRICULTURE AU 21ᵉ SIÈCLE

À cause du climat plus frais, la culture du maïs et du soja est impossible à l'échelle industrielle. Par contre, la culture des céréales comme l'avoine, l'orge et le millet ainsi que celle de la luzerne et du trèfle est exceptionnelle et fournit une alimentation de grande qualité aux animaux d'élevage.

Aujourd'hui, c'est la production laitière qui se classe au premier rang avec 56 % de l'activité régionale. En effet, on compte plus de 1000 fermes laitières et quelque 40 000 vaches, la plupart de race Holstein, avec un peu de Canadienne et de Jersey.

Issu du dynamisme de l'ensemble des intervenants, le Bas-Saint-Laurent produit près de 70 % de l'agneau lourd du Québec, avec un cheptel totalisant près de 60 000 têtes. La volonté de perpétuer des traditions artisanales et de transmettre le savoir-faire est palpable.

Quant à l'Agneau de pré salé de l'île Verte, il s'agit d'un élevage marginal de quelque 125 agneaux par an qui reconnaît la nécessité de protéger le patrimoine agricole et d'entretenir les marais. Autrement dit : on ne peut augmenter le nombre de bêtes sans risquer d'anéantir les prés salés, où pâturent les agneaux.

Les produits biologiques bas-laurentiens ont la cote. Près d'une centaine d'entreprises ont obtenu leur certification ou sont en voie de l'obtenir, dont une quarantaine en production laitière. Et cela concerne toute une panoplie de productions allant des fruits à l'agneau et du bœuf au sirop d'érable et au miel.

Malgré un fier second rang à l'échelle provinciale, la production acéricole ne représente que 8 % de l'activité régionale, avec une forte concentration dans le Témiscouata. On parle de 6,5 millions d'entailles et d'une moyenne de 10 420 entailles par entreprise. L'acériculture a sauvé plusieurs paroisses de la disparition ; aujourd'hui, 300 entreprises réussissent à vivre de leurs revenus.

GARDIENS DU TEMPS

Comme la vue sur le fleuve est belle lorsqu'on grimpe jusqu'au sommet de la colline, sur la terre qui appartient à la famille St-Pierre depuis le début du siècle dernier ! Nous sommes à Sainte-Odile, tout près de Rimouski, où Lucien St-Pierre est né en 1914.

Il avait 22 ans quand il s'est lancé « en affaires », dans la production laitière. « À une époque, nous avions deux chevaux et sept ou huit vaches de race canadienne, que nous avons peu à peu remplacée par la race Holstein. Dire que nous avons augmenté le troupeau jusqu'à 200 bêtes...

« On travaillait fort, mais pas le dimanche, sauf pour faire le « train », bien entendu, ce qui n'était pas considéré comme du travail. Je me souviens aussi que le terrain était « côteux » et que les « bulls » sont venus l'aplanir. Heureusement que nous avions obtenu une subvention pour nous aider à payer, car ça coûtait 4 $ de l'heure. Une fortune !

« L'électricité est arrivée ici en 1942. Avant, le lait était conservé dans des bidons qui étaient placés dans un bac plein d'eau glacée. C'est ainsi que le lait était refroidi avant d'être versé dans les pintes. La glace était entreposée dans le bran de scie. Je me souviens aussi du temps où le lait se vendait 6 cents la pinte... C'est monté à 14 cents la pinte, 18 cents au détail. »

Les exploitants des fermes laitières livraient leur lait et Lucien St-Pierre avait une clientèle fidèle de quelque 175 à 200 foyers. Puis, il y avait les champs où l'on faisait pousser des céréales et du foin. « On a essayé le maïs, mais en 5 ans, on n'a eu qu'une seule année de bon rendement. Le gel arrivait trop tôt. »

Marié en 1940, le couple St-Pierre a eu 10 enfants. En 1982, Lucien St-Pierre a amorcé la transition en cédant l'entreprise à ses fils.

La ferme Lucien St-Pierre a obtenu la médaille d'argent (1959) et la médaille d'or (1974) du Mérite agricole et elle est commandeur de l'Ordre du mérite agricole. À 90 ans, Lucien St-Pierre estime qu'il a eu une belle vie. « J'ai le sentiment d'avoir accompli quelque chose. Si c'était à refaire, je choisirais le même métier, et j'opterais pour les méthodes modernes. »

La famille St-Pierre en 1959.

C'est dans une maison de ferme construite sur les rives du fleuve, à Saint-André-de-Kamouraska, que Paul Desjardins a vu le jour.

Enfant, il rêvait de grandes voiles. Ses ancêtres étaient des marins, mais son grand-père a rompu avec la tradition en achetant de la terre. « Quand j'étais jeune, nous avions une douzaine de vaches laitières, mais le troupeau a compté jusqu'à 22 têtes. Nous avons donc acheté la terre du voisin. Or, le voisin, c'était mon grand-père.

« Ça faisait quelque 200 acres. Mais ils n'étaient pas tous cultivables. Il y avait les côtes, la montagne, les battures... Autrefois, lors des grandes marées, l'eau pouvait couvrir la moitié des champs... On ne pouvait pas cultiver ce qu'on appelait les « prairies à foin ». Au 17e siècle, on produisait ici de « l'herbe à couvrir », un foin de mer très fibreux qui servait à fabriquer le chaume pour les toits... »

Paul Desjardins a mené une campagne pour la construction d'aboiteaux, des barrages munis de vannes qui se ferment quand la marée monte et qui laissent l'eau s'écouler quand elle descend. En dépit du peu d'enthousiasme de ses voisins... les aboiteaux ont été mis en place !

« À une époque, l'Université Laval a mis sur pied un programme de cours sur l'amélioration des cultures et de l'agriculture. Nous avons fait le tour des paroisses afin de chercher des agriculteurs pour animer ces cours. Moi, j'étais chargé de l'amélioration génétique rapide des troupeaux et de la production. »

Après une tentative de culture du maïs – qui a surtout fait le bonheur des ratons laveurs du tout Kamouraska ! – Paul Desjardins s'est lancé dans l'horticulture. Il a fait pousser de grandes quantités de glaïeuls, qui se sont retrouvées chez les principaux fleuristes de la région.

Il ne saurait se priver d'un beau jardin... Un rang de glaïeuls, un rang de pommes de terre, du maïs, des tomates... près des pruniers : « C'est ici que les maringouins sont le plus affectueux... ! À l'automne, on fait de la confiture de prunes. L'hiver, on fabrique des paniers de hart rouge, qui est récoltée à l'automne par un soir de pleine lune. » C'est son grand-père qui lui a appris à travailler la hart, ainsi qu'à fabriquer des brosses et des balais.

Des beaux souvenirs, Paul Desjardins et Marie-Paule Dumont, sa femme, en ont par dizaines. Ils ont eu huit enfants ! Imaginez toutes les joies que cela peut donner !

RACHEL WHITE

LE MOUTON BLANC
La Pocatière

Rachel White rayonne ! Élever des brebis laitières la comble ! En 1997, cette thérapeute en réadaptation physique est retournée étudier la production animale à l'ITA de La Pocatière. À l'automne 2000, elle s'est lancée dans la production laitière. Aujourd'hui, elle est la principale protagoniste à la ferme ovine, où, avec son conjoint, Pascal-André Bisson, elle conçoit de bien beaux projets. En 2002, elle a été distinguée comme « Agricultrice entrepreneure de l'année » !

Dès la première année de son retour aux études, elle a rédigé le premier guide pratique sur l'élevage de la brebis laitière. Séduite par cet élevage, elle a poursuivi ses études dans ce sens. Au printemps 2000, elle s'est envolée vers le Pays basque en France. « J'ai vécu le quotidien des bergers des Pyrénées, j'ai soigné les animaux, j'ai fait la traite matin et soir et j'ai fabriqué du fromage... Imaginez la vie en montagne, parfois dans des conditions difficiles..., j'ai connu l'isolement avec un troupeau de 500 brebis...

« Pascal-André est venu me rejoindre et nous avons arrêté notre choix sur le genre d'élevage, la bergerie, la fromagerie et j'en passe. De 70 brebis, nous souhaitons augmenter notre cheptel à 450. »

Projet ambitieux, s'il en est ! « Avec nos enfants Frédéric, François, Pierre et Camille, nous partagions un rêve : produire notre fromage fermier. » Récemment, nos fromages du Kamouraska sont nés.

« La fromagerie est à 30 mètres de la bergerie, adossée à la montagne, où les caves d'affinage sont enterrées pour se fondre dans le paysage des monadnocks et fournir des conditions d'affinage optimales. Nous accueillerons les visiteurs dès le début du mois de juillet avec trois petits fromages, le Péché estival du Mouton Blanc.

« Pascal adore fabriquer le fromage et nous voulons retourner en France pour parfaire nos connaissances. De mon côté, je tiens à assurer la surveillance du troupeau. Actuellement, nous nous renseignons sur des fourrages qui influeront sur le goût du lait afin de produire un fromage qui soit typique de notre terroir. »

Voir page 27

BERNARD ET BRUNO OUELLET
LES PÊCHERIES OUELLET
Kamouraska

La pêche à l'anguille, c'est un vieux métier qui se pratique vers le mois d'octobre dans le Bas-Saint-Laurent. Il n'est pas rare que ce genre d'entreprise passe de père en fils. Vers 1900, Flavius Ouellet, le grand-père, avait acheté de la seigneurie de Kamouraska le droit de pêche à fascines pour l'ensemble des îles de Kamouraska.

« Tout d'abord, je suis un pêcheur avec permis commercial, dit Bruno. Je pêche le hareng, l'alose savoureuse, une pêche du printemps qui ne dure qu'une semaine, et l'esturgeon noir.

« Je pêche depuis que j'ai 10 ans. Bernard et moi travaillions pour mon oncle, Maurice, avec qui nous avons créé Les Pêcheries Ouellet en 1986. À ce moment-là, on pêchait et on fumait de l'anguille et de l'esturgeon pour le commerce de détail. Puis, pour répondre à la demande des restaurateurs, nous avons construit un petit atelier de transformation, laquelle se fait toujours de façon artisanale, d'ailleurs.

« Après avoir étudié l'anatomie et les comportements de l'anguille, un poisson qui vit en eau douce mais qui se reproduit en eau salée, nous sommes allés suivre les cours au Centre spécialisé des pêches de Grande-Rivière pour apprendre des techniques de fumaison. C'est ainsi que j'ai pu créer les « merines ». Et j'ai d'autres projets de transformation en tête. »

Les frères Ouellet exploitent trois sites de pêche à l'anguille, soit deux à Kamouraska et un à Saint-Germain. Les filets sont donc installés dans le décor spectaculaire du fleuve à l'automne.

Il y a eu une diminution marquée de la ressource, mais on observe le comportement en espérant voir l'anguille se reproduire. Au Québec, il y a à peine 15 ans, on en pêchait 500 tonnes. Aujourd'hui on n'en est plus qu'à environ 120 tonnes.

« Les Asiatiques et les Européens sont friands de l'anguille. Aujourd'hui, environ 80 % de la pêche est exportée, en comparaison avec 95 % il y a quelques années, car depuis que nous transformons, nous exportons moins. Nous avons à cœur de faire connaître l'anguille aux Québécois pendant que nous transmettons notre savoir-faire à la prochaine génération. »

Voir recette page 84

CLAUDIE GAGNÉ
LES JARDINS DE LA MER

Native de Saint-Alexandre-de-Kamouraska, Claudie est une amoureuse inconditionnelle du fleuve qui a choisi un bien étrange métier. En effet, confirmant sa passion pour la nature, elle cueille les herbes des battures et d'autres petits fruits sauvages que nous pouvons apprécier dans des plats cuisinés par les chefs de la région.

« Un jour, François Brouillard, qui est une référence en matière de plantes indigènes, a croisé mon chemin. Cette rencontre a pu confirmer l'attrait que j'avais pour les fruits du fleuve, ce qui m'a permis de développer l'« art de goûter ». J'ai su ce que j'allais faire dans la vie : j'allais jardiner le Saint-Laurent !

« J'avais déjà beaucoup d'intérêt pour les plantes, culinaires et médicinales. J'apprivoise désormais celles du bord de mer, plus spécifiquement la salicorne, la verte et la rouge, l'arroche, la sabline, le caquillier, la berce laineuse, les algues, comme la main de mer... »

Claudie manipule avec précaution le fruit de sa cueillette. « Il ne faut jamais arracher les racines, il ne faut cueillir qu'une certaine quantité – et au bon endroit – pour assurer la survie et la régénération des espèces. »*

Pour les cuisiniers de la région, Claudie sort religieusement de sa besace des petites plantes merveilleuses, imprégnées de sa bonne humeur contagieuse. Ils sont unanimes : « Claudie nous apporte des produits de grande qualité et, grâce à elle, nous pouvons créer des plats aux saveurs uniques du Bas-Saint-Laurent. »

L'hiver, Claudie bricole avec des plantes, fait des expériences de culture et de transformation. Elle aime voyager. Elle garde un bon souvenir d'un séjour en Bretagne, puis d'un autre au Portugal, où elle est allée voir comment on travaille avec les plantes marines. Pour elle, c'est « l'école de la vie » et elle est heureuse de s'y trouver.

Elle a 23 ans et elle est déjà très riche de connaissances. L'aventurière s'ouvre à la vie, aux coïncidences, aux amitiés... Elle rêve de travailler avec des plantes qu'elle pourrait partir en serre et remettre à croître dans la nature. Garder un lien étroit avec la terre et la mer n'a pas de prix !

* Ceci n'est certes pas une invitation à venir cueillir les herbes sur les battures. La flore y est fragile – elle risque d'être anéantie.

Voir recette page 54   **17**

PATRICE FORTIER

LA SOCIÉTÉ DES PLANTES
Kamouraska

Patrice Fortier a développé une réelle passion pour la culture maraîchère. Ce Montréalais avoue que c'est une belle façon de vivre et de survivre à la campagne.

« Le climat est peut-être rigoureux dans le Bas-Saint-Laurent, mais cela comporte ses avantages. Par exemple, nous n'avons pas autant d'insectes nuisibles ou de maladies que dans les régions plus chaudes. La fraîcheur du climat et la lumière abondante donnent des légumes très savoureux. J'utilise du varech pulvérisé pour enrichir la terre selon des techniques ancestrales. De plus, l'état impeccable dans lequel nous avons trouvé la terre en arrivant ici est quelque chose d'inouï ; cette ferme avait été exploitée par les membres d'une même famille pendant 350 ans.

« Nous cultivons plus de 200 variétés de légumes, surtout des légumes anciens, dont une vingtaine de cultivars de tomates. Je fais des essais, je vois lesquelles s'adaptent mieux au climat, pour ensuite en offrir les semences aux jardiniers qui peuvent les commander.

« Ici, on trouve de la betterave crapaudine, là du poireau Saint-Victor, puis de la merveille des quatre saisons, des crosnes aromatiques du Japon, de la laitue-asperge... La cressonnette du Maroc, qui ressemble à la feuille de chêne mais qui a plus de goût. Cette laitue tolère bien le vent et elle est très rustique.

« Les variétés anciennes sont très savoureuses, car elles ont été développées pour le plaisir des sens plutôt qu'en fonction de la productivité et de la manutention, comme c'est souvent le cas pour les variétés modernes. Je m'intéresse à la recherche, tant sur les légumes qu'en cuisine. L'hiver, j'en profite pour discuter avec les cuisiniers. Nous passons des heures à partager notre passion. Ça me permet de préparer ma prochaine production. »

Patrice, qui est responsable de la production, est très reconnaissant à Philippe Méthé, qui contribue largement tant à la gestion de l'entreprise et au contrôle de la qualité qu'à trouver des solutions sur le plan technique, mais surtout pour sa bonne humeur contagieuse.

Voir recette page 90

Marie de Blois et Paul-Louis Martin
La Maison de la prune
Saint-André-de-Kamouraska

Marie de Blois et Paul-Louis Martin sont tous deux originaires de Trois-Rivières. Venus en 1974 pour démarrer ce qui est aujourd'hui le Musée du Bas-Saint-Laurent, l'ethnologue Paul-Louis Martin et son épouse ont eu envie de vivre à la campagne.

« Après avoir fait des recherches, nous avons découvert ce complexe agricole exceptionnel, construit en 1840 par le grand marchand Silfroy Guéret, dit Dumont... Maison, bâtiments, trois kilomètres de terre, 26 vaches, 80 cochons et tout le roulant... Séduits par notre trouvaille, nous avons plongé, animaux en moins.

« Le premier automne, nous nous sommes aperçus qu'il y avait une centaine de pruniers derrière la maison. Nous y avons goûté, osant à peine y croire, car, à part les pommiers et un peu de poiriers, les arbres fruitiers sont rares au Québec. Mais, de la prune, cela posait un problème à l'historien... Nous venions de savourer une variété très ancienne, la prune de Damas. »

Depuis 1978, la maison, les bâtiments, la laiterie et le caveau à légumes ont été restaurés ; le verger a été rétabli à 1400 pruniers sur lesquels on cueille toujours de la prune de Damas pourpre, de la Damas jaune et de la Lombard. Le magasin général a aussi été restauré dans sa beauté d'origine ; aujourd'hui, on peut s'y procurer les produits du verger.

« Nous avons d'abord ouvert un hangar et mis une affiche au bord de la route. Les gens entraient dans la cour. Marie avait toujours fait de la confiture, alors nous avons déposé des pots sur la table. Tranquillement, la production s'est accrue jusqu'à devenir une confiturerie artisanale de plusieurs milliers de pots par an. »

La confiture est toujours préparée en très petite quantité. Chaque recette – de cinq pots à la fois – est cuite à la flamme du gaz dans des chaudrons de cuivre pour permettre aux fruits d'exprimer leurs meilleures saveurs.

« L'an dernier, en plus des produits traditionnels, comme les confitures, les gelées, les coulis, les sauces et les prunes au sirop, nous avons offert le sorbet et la prune à l'eau-de-vie. » Et les projets continuent de mijoter à feu doux...

Voir recette page 92

Luc Fraser

Microboulangerie La Seigneurie
Rivière-du-Loup

Luc Fraser est un « marchand de bonheur », il vous le dirait lui-même. S'il n'aimait pas son métier comme il l'aime, il ne serait pas boulanger !

À 17 ans, alors qu'il était étudiant, Luc travaillait déjà au rayon de la boulangerie du supermarché de sa localité. Plus tard, à l'emploi d'une importante bannière, il a gravi les échelons. Puis, un jour, il s'est dit qu'il serait plus heureux s'il ouvrait son propre petit commerce...

C'est donc en 1998, rue Lafontaine, qu'est née une microboulangerie bien sympathique. Avec peu d'argent dans les poches, mais en y mettant beaucoup d'ardeur, Luc était convaincu de voir ses efforts couronnés. Plusieurs éléments jouaient en sa faveur. Il connaissait tous les aspects du métier ; et puis, l'échange avec ses clients, c'était primordial !

Des clients qui n'avaient ni l'habitude d'aller chercher leur pain fumant à la sortie du four ni de découvrir la manne de croissants, de fougasses et de viennoiseries exquises, qui varient selon l'humeur du boulanger. Luc compte beaucoup sur sa petite équipe composée de Marcel, qui répond aux moindres désirs des clients – « même que des fois je pense qu'il les devine » –, et d'Étienne, son bras droit aux fourneaux.

« Après six ans, la clientèle a grandi et s'est fidélisée, mais le commerce ne grossira pas pour autant. Je veux que les gens continuent à apprécier l'atmosphère intime et qu'ils prennent le temps de bavarder avec Marcel ou avec moi, qu'ils boivent un café... qu'ils se donnent rendez-vous entre amis... »

« Ce qu'on vient chercher chez nous va bien au-delà du produit. C'est un petit bonheur qui ne coûte rien, mais qui n'a pas de prix. Ceux et celles qui ont envie de « jaser » de tout et de rien sont les bienvenus. »

C'est aussi une invitation à venir s'asseoir à la « tablée des menteurs ». La microboulangerie La Seigneurie, est en effet un lieu de rencontres fortuites... Qui sait, vous y croiserez peut-être madame Omérine, Oliva Marchand ou Ti-Paul.... des personnages-vedettes, ou même l'auteur de *Contes et menteries du Bas-du-Fleuve*, qui vient « s'inspirer » ici de temps en temps.

Voir page 29

MARC LAPERRIÈRE

AVIBIER
Saint-Cyprien

Si on lui en donnait la chance, Marc Laperrière ferait le tour du monde. D'ailleurs, à plus d'une reprise, il a saisi l'occasion d'aller parfaire ses connaissances à l'étranger.

Ce cuisinier de cœur s'intéresse à la charcuterie depuis le début des années 1990. Encouragé par son entourage, il s'est alors investi dans l'élevage et la transformation du gibier à plumes. En 1992, il réalisait déjà une charcuterie de grande qualité.

« C'est à ce moment que j'ai décidé de m'envoler vers la région de la Loire, en France, pour travailler avec les experts de la très célèbre Maison Bégin. Ensuite, je me suis rendu en Belgique, dans la Wallonie. Je voulais mieux comprendre la culture européenne, vivre ce contact avec les producteurs et les artisans avant de rentrer au Québec pour réaliser une charcuterie à base de produits bas-laurentiens.

« À mon retour dans le Témiscouata, je me suis mis à jongler avec des aromates, des miels, du sirop d'érable et des alcools pour réaliser des produits qui soient à la hauteur du talent des artisans de chez nous. Je suis fier d'affirmer qu'environ 70 % des produits que j'utilise aujourd'hui proviennent du Bas-Saint-Laurent. » Ainsi, quelques alcools d'ici, élaborés par le Domaine Acer ou par le Pacômois, parfument divinement terrines et mousses fines.

Si la mousse de foie de faisan au Charles-Aimé Robert est incontournable, la terrine de trois gibiers à l'hydromel et la terrine de lapin aux bleuets sauvages au Cap du diable sont à découvrir.

Marc a compris depuis longtemps à quel point il est important de dialoguer et de travailler avec les producteurs artisans. Il a invité ses voisins à élever du gibier à plumes, il a eu un gîte et une table champêtre, et il a ensuite créé sa propre entreprise de transformation, Avibier, située à Saint-Cyprien, dans le Témiscouata.

Il souhaite que le métier de charcutier soit mieux aimé. « La demande existe pour de bons produits de charcuterie et j'aimerais tellement voir des jeunes s'y intéresser. » Bien sûr, cet homme qui ne manque pas de générosité partagera son savoir-faire avec eux pour favoriser l'essor et l'identité des produits d'ici !

Voir recettes pages 50 et 96

NATHALIE DECAIGNY ET VALLIER ROBERT

DOMAINE ACER
Auclair

L'unique Économusée® de l'érable du Québec, se trouve à Auclair, dans la belle région du Témiscouata. En 2001, Nathalie Decaigny et Vallier Robert se sont joints au réseau des entreprises Économusée® après y avoir greffé le volet « interprétation ». Mais ce n'est pas l'unique raison qui doit nous inciter à traverser le lac Témiscouata : avant la petite dégustation, il faut voir les caves où reposent les Val Ambré, les Charles-Aimé Robert et autres boissons alcoolisées exceptionnelles, fabriquées sur place et de façon artisanale.

« Mon père, Charles-Aimé, a commencé l'exploitation des 200 entailles de l'érablière, en 1972. Aujourd'hui, avec quelque 10 000 entailles, nous nous positionnons au-dessus de la moyenne par rapport à d'autres régions, mais sous la moyenne au Bas-Saint-Laurent, car il n'est pas rare de trouver ici des érablières de 20 000 entailles et plus. Par contre, nous sommes parmi les plus importantes entreprises acéricoles de transformation. »

En 1992, Vallier s'est intéressé à la fermentation de la sève d'érable. C'était sa façon de poser un regard neuf sur un produit traditionnel. En 1996, il a acquis l'entreprise. La collection Acer – des boissons alcoolisées artisanales à base de sève d'érable fermentée – a été présentée en 1997.

Nathalie est venue de Belgique en 1996 et elle s'est immédiatement jointe à l'entreprise. « Vallier est passionné par la terre, par la transformation… C'est le producteur. De mon côté, je collabore à la présentation des produits et à l'élaboration des outils de mise en marché, y compris l'accueil. »

« Actuellement, nous tâchons de renforcer les bases de l'entreprise, mais nous avons aussi décidé d'avoir des enfants. Il faut respecter nos engagements ! »

Ce qui n'empêche pas Nathalie et Vallier de nourrir d'autres projets. S'il faut en juger par l'originalité et la qualité des produits du Domaine Acer, nous ne sommes pas au bout de nos surprises !

ROSELYNE LESTAGE

FERME MARIE-ROSELAINE
L'Isle-Verte

Native de Sherrington, en Montérégie, Roselyne et son mari, Alain Lévesque, qui, lui, est natif de Rivière-Trois-Pistoles, ont commencé à cultiver de l'ail en Montérégie après être allés en Europe pour étudier les techniques de culture de cette plante potagère vieille de 5000 ans.

Pendant 12 ans, ils ont exploité une grosse ferme, où ils avaient 100 chèvres de boucherie et angora – d'où l'origine du nom « Marie-Roselaine » –, et une table champêtre sur la Rive-Sud de Montréal.

« Puis, nous nous sommes installés ici en 1997. Certains disaient qu'il était difficile de cultiver de l'ail dans le Bas-Saint-Laurent. Riches de notre expérience, nous avons planté une soixantaine de livres de deux variétés sur la rive du fleuve. » Le résultat a été concluant. Pour l'instant, nous plantons environ 1500 livres d'ail chaque année.

Cet ail à gros bulbe est tout à fait succulent. « Il est doux et facile à digérer. J'ignore si c'est du fait de la variété, de l'air salin, de la température ou du sol. Ce que je sais, c'est que nous n'obtenons pas le même résultat ailleurs avec la même variété. Ici, le produit est exceptionnel. C'est le terroir qui fait la différence ! »

En plus de l'ail tressé qui est mis en marché à la fin de l'été, Roselyne propose la fleur d'ail, dont la récolte se fait au mois de juin. Cette fleur se trouve seulement sur l'ail d'automne, qui est cultivé ici ; de l'ail qui se conserve d'ailleurs mieux que l'ail du printemps. Les tiges fraîches sont vendues en barquettes et on les apprête comme des haricots. Un vrai délice !

Actuellement, on produit de la tige d'ail marinée aux fines herbes. D'autres projets sont à l'essai. Roselyne cultive aussi de l'ail géant, dit « éléphant » en moindre quantité, cependant, mais qui n'est pas moins exquis.

« Le Bas-Saint-Laurent, c'est tellement beau ! Voyez ce fleuve devant la ferme ! Y avoir pensé avant, nous serions venus il y a plusieurs années. Je ne retournerais plus vivre ailleurs. Je suis ici chez moi ! »

Voir recettes pages 80 et 82

MONIQUE MICHAUD
ET RICHARD FAVREAU

VAL-AUX-VENTS
Saint-Valérien

L'histoire de la ferme Val-aux-Vents n'est pas banale. L'exploitation a été créée par deux amoureux de la terre qui se sont rencontrés par hasard dans le village du Bic et qui, de poireaux en pourpier et en radis à cœur rouge, – biologiques, cela va de soi –, ont planté des racines solides, non seulement dans le sol, mais aussi dans leur cœur.

En 1996, la production horticole était orientée vers la déshydratation du poireau, mais on a modifié sa trajectoire. On compte aujourd'hui près de 150 variétés différentes de légumes, de fines herbes et de fleurs comestibles, qui sont souvent offertes en couleurs inusitées ou dans leur version ancestrale. Depuis l'an dernier, toutes les variétés semées sont issues de graines biologiques ou non traitées.

Monique est venue du Saguenay en 1980 pour s'installer dans le Bas-Saint-Laurent. « J'ai travaillé en animation sociale, en art contemporain et en théâtre, et j'ai même habité l'ancien magasin général du Bic, qui est aujourd'hui l'Auberge du Mange Grenouille. Je me suis toujours intéressée au jardinage et je voyais Richard travailler son jardin. Entre jardiniers, on échange ! Puis, nous sommes venus nous installer sur cette terre qui était considérée comme « trop pierreuse pour faire du foin ». »

Avec une formation en géographie, Richard a travaillé dans le secteur de l'environnement. Il a été géomorphologue au Parc du Bic et il a œuvré en coopération internationale. De retour au Québec, il a jugé qu'il était temps de se lancer dans un projet à lui. « L'agriculture occupe de plus en plus de place, mais fait vivre de moins en moins de gens... » C'est dommage, car il y a tant de belles occasions de se valoriser par l'entremise de ce beau métier.

« Malgré les nombreuses variétés, nous ne sommes pas des producteurs de masse. Nous misons sur la qualité et sur la fraîcheur ; les légumes que nous livrons sont cueillis le matin même. Nous offrons un service d'abonnement et nous desservons quelques restaurateurs de fine cuisine et des détaillants de produits biologiques. La gourmandise nous unit à la terre et à nos partenaires ! »

Voir recette page 88

HUGO DESCHÊNES

SAPONARIA
Rivière-du-Loup

« J'ai grandi à Cacouna, sur les rives du Saint-Laurent et, pour moi, le contact avec la nature est primordial. J'aime les couleurs, les textures et les odeurs qui varient selon les saisons. J'ai vu les gens travailler la terre et les artisans à l'œuvre. J'apprécie les œuvres d'art autant que les objets fabriqués à la main. J'ai toujours été très curieux et je voulais comprendre comment tout était fait, ce qui me permettait aussi de me rapprocher des gens.

« J'étais inscrit au bac en arts visuels lorsque j'ai pris la décision de lancer une entreprise qui répondrait à ma pensée et à mes aspirations. Mon premier contact avec la savonnerie a été révélateur, et mes sens ont été ravis. Si, au départ, je n'avais pas pensé à fabriquer des savons, mon intérêt grandissait au fur et à mesure que je faisais des recherches et des démarches pour en apprendre plus sur la savonnerie artisanale. Il n'existe pas d'école ; c'est un savoir-faire qui se transmet d'un artisan à l'autre. »

Les beaux savons de Saponaria sont faits à base d'huile d'olive pure et de beurre de cacao naturel. Pour Hugo, l'utilisation de produits régionaux est un geste spontané. C'est ainsi que l'on retrouve le lait de chèvre des Légendes Caprines, les herbes aromatiques de Viv-Herbes, le miel et le pollen de fleurs de Miel naturel de St-Paul-de-Lacroix, les fraises de Saint-Arsène, – un produit « chouchou » pour ceux qui le connaissent – et d'autres produits de la cueillette.

C'est ainsi qu'une palette impressionnante d'une trentaine de pains de savons aux parfums divins comme « rose des mers » – qui rappelle l'omniprésence des églantiers dans la région –, « baies de genévrier » – un souvenir des prés salés de l'île Verte –, « pluie d'été » – qui souffle la brise des marées...

Saponaria, c'est un coffre à trésors ! Après avoir été conquis par les mille et un parfums de la savonnerie, on découvre aussi d'autres objets, souvent réalisés par les artisans d'ici.

Hugo a choisi la savonnerie. Cela lui donne l'occasion de palper de l'authentique, de l'original, du vrai lorsqu'il coule les savons dans ses moules en bois... L'artisan est en lui il le sera toujours.

Voir page 29

ViV-Herbes

Herboristerie artisanale

agneau de pré salé de l'île Verte

mer bergère

LA FERME
CÉNÉ LOUIS

Balade dans les rangs de campagne

Voici de bonnes adresses où vous pourrez souvent rencontrer l'artisan
et faire ample provision de gourmandises exquises.
Une bonne excuse pour pique-niquer sur la rive du Saint-Laurent.

Pour rencontrer des éleveurs de brebis laitières dans la nature bucolique des caburons et découvrir des fromages fermiers exceptionnels.

LE MOUTON BLANC

176, route 230 Ouest, La Pocatière 418-856-6627 *Voir page 15*

Ah ! la belle découverte, dès que la porte s'ouvre sur l'invitante boutique où attendent sagement des centaines de petits pots, tout endimanchés, boucle au cou et fleur au chapeau ! On y trouve aussi les délicieux alcools de petits fruits de la région, des cidres et d'autres boissons artisanales du Québec.

LE MARCHÉ DES CABURONS

496, route 132, La Pocatière 418-856-5885

Le Pacômois comme le Pier-O sont des apéritifs élaborés à partir des framboises et des bleuets de la production maraîchère de la famille Ouellet. C'est aussi l'occasion de se renseigner sur la vinification de ces boissons alcoolisées, avant d'en apprécier la qualité.

FRAMBOISIÈRE DES 3

17, rue du Domaine, Saint-Pacôme 418-852-2159

Il y a eu jusqu'à 185 permis de pêche entre Saint-Roch-des-Aulnaies et Trois-Pistoles ; aujourd'hui, il y en a moins de 15. Gertrude Madore pêche l'anguille depuis 38 ans. Première femme à avoir été acceptée comme « pêcheur professionnel côtier », elle a développé le volet « interprétation » pour transmettre ses connaissances et ses souvenirs.

SITE D'INTERPRÉTATION DE L'ANGUILLE

205, avenue Morel, Kamouraska 418-492-3935

Voici une belle vitrine pour les artisans qui produisent des gourmandises irrésistibles et les emprisonnent dans des petits pots. Confitures, coulis, boissons artisanales...

MAGASIN GÉNÉRAL DU KAMOURASKA

98, avenue Morel, Kamouraska 418-492-2882

Au cœur du village, dans une belle résidence victorienne, vous trouverez les bons pains au levain, faits de grains biologiques et de farines brutes, fabriqués selon une tradition allemande ancestrale, dont la réputation a déjà fait le tour du Québec.

BOULANGERIE NIEMAND

82, avenue Morel, Kamouraska   418-492-1236

Pour faire provision de produits fins fumés de façon artisanale : anguille, crevettes, pétoncles, esturgeon et délicieuses « merines ».

LES PÊCHERIES OUELLET

38-A, avenue Morel, Kamouraska   418-492-1872   *Voir page 16*

Pour saisir l'occasion de visiter un potager qui n'a rien de banal et rencontrer un jardinier d'exception. Visites commentées à partir de la mi-juillet. Réservations de rigueur.

LA SOCIÉTÉ DES PLANTES

207, rang de l'Embarras, Kamouraska   418-492-2493   *Voir page 18*

Le décor propose un minuscule village de pêcheurs, avec une vue du fleuve qui se fait rassurante. On peut se procurer poissons et fruits de mer... boucanés, cela va de soi.

LA BOUCANERIE

111, rue Principale, Saint-André-de-Kamouraska   418-493-2929

Le miel est un produit naturel, mais quand il est certifié biologique, qu'en est-il ? Marie-Claude Faucher et Pierre Villeneuve vous expliqueront et vous feront goûter la différence.

LE MYOSOTIS, MIELLERIE ARTISANALE

942, route 230, Saint-Alexandre   418-495-1172   *Voir recette page 110*

Des tomates, des tomates et d'autres encore qui sont cueillies bien à point et tout à fait succulentes... Les laitues, les diverses salades qui servent à composer le mesclun et d'autres légumes biologiques sont ici cultivés avec savoir-faire par Andrée Deschênes et Anne Fortin. Pesto, sel aux herbes et herbes salées sont aussi disponibles.

LE JARDIN DES PÈLERINS

190, route 132 Est, Saint-André-de-Kamouraska   418-493-1063

C'est une halte qui s'impose. Plus de 160 ans d'histoire palpitent encore dans l'imposant magasin général. C'est s'offrir une promenade dans un des plus fascinants vergers du Québec, où croissent les pruniers de Damas.

LA MAISON DE LA PRUNE

129, route 132 Est, Saint-André-de-Kamouraska   418-493-2616   *Voir page 19*

Qu'y a-t-il de plus invitant que l'odeur du pain chaud ? Celle des viennoiseries ou des petits roulés au fromage ? Succombez !

MICROBOULANGERIE LA SEIGNEURIE

290, rue Lafontaine, Rivière-du-Loup   418-860-3331   *Voir page 20*

Michel Gasse nous accueille dans sa belle et spacieuse boutique pour présenter fromages, pâtés, terrines et autres préparations délicieuses. Il y a aussi le rayon des produits fins qui sont, comme le nom du commerce l'indique, représentatifs des terroirs d'ici et d'ailleurs.

TERROIRS D'ICI ET D'AILLEURS

302, rue Lafontaine, Rivière-du-Loup   418-867-4499

Un jardin de savons ! L'invitation est lancée ! En plus des produits de la savonnerie artisanale, des articles cadeaux et produits régionaux sont offerts.

SAPONARIA

420, rue Lafontaine, Rivière-du-Loup   418-862-7276   *Voir page 25*

Une manne de pommes ou la manne... de pommes ? Sylvie Paradis et Bruno Sirois cultivent des variétés étonnantes, avec beaucoup de respect pour l'environnement et pour la santé des consommateurs. Hum... la tentation !

LA MANNE ROUGE

318, rue Beaubien, Rivière-du-Loup   418-867-2727   *Voir recettes pages 64 et 108*

Ail ! ail ! ail ! ce qu'il y en a, de l'ail ! Mais celui-ci, cultivé sur le bord du fleuve, est à découvrir !

FERME MARIE-ROSELAINE

379, route 132 Est, L'Isle-Verte   418-898-3514   *Voir page 23*

Bien que championne du fromage « frais du jour », la Fromagerie des Basques propose désormais une belle gamme de cheddars, de gruyères et de pâtes demi-fermes et lavées, l'une avec une saumure traditionnelle, tandis que l'autre proclame son mariage heureux avec la bière trois-pistoles. Son nom : L'Héritage, choisi par la famille Pettigrew pour rendre hommage aux Basques, principaux protagonistes de l'histoire de la région.

LA FROMAGERIE DES BASQUES

69, route 138 Ouest, Trois-Pistoles   418-851-2189

Les ouvrières infatigables des ruchers fournissent ce nectar exquis qui est ici décliné de maintes façons.

MIEL NATUREL ST-PAUL-DE-LA-CROIX

201, rang 3 Ouest, Saint-Paul-de-la-Croix   418-898-2545   *Voir recettes pages 52 et 86*

On ferait volontiers le détour pour remplir son panier de bons pains au levain, faits de farine biologique et cuits sur la sole... À moins que ce ne soit pour des muffins aux framboises et au chocolat...

FOLLES FARINES

113, rue Saint-Jean-Baptiste, Le Bic   418-736-8180

Des fougasses, des pains paysans, des miches croquantes, des poolishs et, bien entendu, des baguettes et encore des baguettes... Plusieurs pains sont faits de farine et de grains biologiques.

LES BAGUETTES EN L'AIR

3, rue Saint-Paul, Rimouski   418-723-PAIN (7246)

Une grande fromagerie vient de naître. Michel Lavoie s'est inspiré des richesses du terroir pour offrir des laits crus de vache – d'un troupeau de Jersey – et de chèvre. Des fromages frais, à pâte molle, à pâte demi-ferme et ferme, et à pâte persillée ; ils se distinguent par leur qualité et leur originalité.

FROMAGERIE DE LAVOYE

224, route 132, Sainte-Luce-sur-Mer   418-739-4116   *Voir recettes pages 48, 70 et 94*

« Frais du jour », des fromages fins et un certain vieux cheddar au lait cru... valaient déjà le détour. Le dernier-né de la gamme est Le Clandestin, un fromage à pâte molle – mi-vache/mi-brebis – affiné à croûte lavée. Son goût typé ne tardera pas à faire des malheurs. D'autres produits régionaux sont aussi en vente.

FROMAGERIE LE DÉTOUR

100, route Transcanadienne, Notre-Dame-du-Lac 418-899-7000   *Voir recette page 68*

De Notre-Dame-du-Lac, on peut, en saison, traverser l'imposant lac Témiscouata pour se rendre à Auclair et visiter l'Économusée® de l'érable, et goûter à des produits authentiques et exquis.

DOMAINE ACER

65, route du Vieux-Moulin, Auclair   418-899-2825   *Voir page 22*

Concentrés, herbes séchées, huiles d'herbes pour le corps, onguents et miels, foin d'odeur... les produits de culture biologiques sont de qualité irréprochable et les jardins sont enchanteurs.

VIV-HERBES

35, rang 2, Lejeune   418-855-2731

Pour obtenir d'autres adresses, on peut consulter le site Les Saveurs du Bas-Saint-Laurent :
www.saveursbsl.com

Martin Ashby
Chef exécutif
HÔTEL RIMOUSKI
Rimouski

Martin Ashby a beaucoup voyagé. Mais il a fait bien plus que des voyages d'agrément. Il a travaillé dans les régions du Québec et à l'étranger. En 22 ans de métier, et malgré son jeune âge, il a tracé une belle grande boucle depuis ses débuts dans Cantons-de-l'Est, où il est né.

« C'est au cours de vacances – une agréable petite tournée à vélo dans l'Est du Québec – que nous sommes venus jusqu'ici. Après avoir vu d'autres jolis coins du globe, nous avons décidé de nous y installer. À Rimouski et pas ailleurs ! Voyez un peu ce panorama ! »

Il y a maintenant trois ans que Martin dirige l'équipe de cuisiniers de l'Hôtel Rimouski. En fait, il orchestre les activités d'un important centre de congrès, ce qui demande souplesse et créativité, car les exigences varient beaucoup entre le service des banquets et celui de la salle à manger, où poissons, crustacés et petits plats mitonnés sont au menu tour à tour, selon les arrivages.

« Notre carte évolue constamment. C'est l'occasion de faire connaissance avec les producteurs régionaux et de les présenter à notre clientèle. C'est une autre façon de travailler, comme on le fait plutôt en Espagne ou au Mexique, où le cuisinier s'adresse directement au pêcheur ou au cultivateur. Je m'aperçois qu'on trouve de plus en plus de bons produits locaux et c'est heureux. Comme ça, je n'ai pas de raisons de m'ennuyer du « p'tit » Marché Jean-Talon !

« À mes débuts ici, j'ai été très surpris de voir les crabes sortir de l'eau pour se retrouver dans ma cuisine une demi-heure plus tard ! Je me souviens de la première commande de crabes qui m'a été livrée. Imaginez 400 et quelques livres de crabes vivants, pêchés au large de Rimouski. Quel spectacle ! Il est tout aussi impressionnant de voir les pêcheurs s'affairer à l'aube d'une nouvelle saison de pêche. J'ai pêché la langouste et la raie au harpon dans les mers du Sud, mais je n'avais jamais rien vu de semblable. »

Malgré son goût pour les voyages, Martin entend bien demeurer à Rimouski quelques années. Dans ses temps libres, il aime photographier les paysages magnifiques de la région et les plats qu'il réalise. Vous savez maintenant à quoi s'adonne pendant ses moments de loisir ce cuisinier qui aime la cuisine avec un grand « C » !

Voir recettes pages 58, 78 et 82

ADRIEN BOUCHER
Propriétaire
LE SAINT-PATRICE
Rivière-du-Loup

Adrien Boucher, issu d'une famille de 18 enfants, a commencé à travailler tôt dans la vie. À 14 ans, il était déjà dans les cuisines pour subvenir à ses besoins pendant ses études. Adrien avait fait son choix de carrière : ce serait la restauration.

Prenant rapidement conscience de ses talents d'entrepreneur, il s'investit dans le restaurant Le Saint-Patrice. Six ans plus tard, il le cède à ses associés et il reprend le chemin de l'école, pour faire rien de moins qu'un bac en sciences politiques et en administration. « À mon retour, j'ai trouvé la porte du restaurant close. Après mûre réflexion, je me suis dit qu'il serait plus facile de remettre la main à la pâte que de vivre avec la tristesse qui m'avait envahie. »

Comptant sur le talent d'une équipe constituée de gens de la région, il rebâtit le complexe qui abrite aujourd'hui cinq restaurants, Le Saint-Patrice, Le Novello, La Romance, Le Cormoran et La Terrasse du Vieux-Quai. En 2003, l'Association des restaurateurs du Québec lui a décerné le « Coup de chapeau », un honneur exceptionnel. Mais c'est à son équipe qu'il dédie ce trophée.

S'il a le feu sacré pour la cuisine, il est tout autant passionné par tout ce qui se rapporte au patrimoine. Adrien adore chiner. Sa vision et sa créativité lui permettent de créer des thématiques exceptionnelles ; sa sensibilité le fait grandir avec son équipe, avec sa clientèle et avec les producteurs-artisans, qui sont les bienvenus chez lui.

« Il faut inciter les producteurs à persévérer. Et puis, je les admire. Démarrer une entreprise, cela demande beaucoup d'énergie. En les encourageant, nous favorisons l'économie régionale. Nous en sommes très fiers, d'ailleurs. »

Adrien Boucher n'a jamais lésiné sur la qualité ni hésité devant l'originalité d'un concept. La vie lui a aussi enseigné le plaisir de donner. « Il faut remettre à la communauté ce que la communauté vous apporte, y compris ses connaissances. Il n'y a pas que les chiffres dans la vie ! »

Adrien reconnaît les qualités de Manon Lévesque, tant sur le plan de la préparation culinaire que sur celui de la coordination de la cuisine, et il s'appuie sur elle. « Une relève, ça se prépare. Manon, c'est ma relève ! »

Manon Lévesque
Chef exécutif
LE SAINT-PATRICE
Rivière-du-Loup

Répondant à une offre d'emploi du restaurant Le Saint-Patrice, Manon s'est présentée un jour pour une entrevue prévue pour 16 h. À 18 h, elle était déjà à l'œuvre en cuisine ! Elle en orchestre aujourd'hui les activités avec une parfaite aisance.

Il y a déjà huit ans que Manon travaille au restaurant Le Saint-Patrice. Ce qui distingue ce restaurant, nous l'avons dit, c'est le concept particulier qui propose, sous un même toit, cinq salles à manger et, par conséquent, cinq sortes de cuisines différentes. Et il y a deux cuisines distinctes pour la préparation des repas. Cela peut sembler beaucoup pour un jeune chef, mais, pour Manon, ça ne pose pas de problème !

D'aussi loin qu'elle se souvienne, Manon a toujours adoré cuisiner ! Enfant, elle avait un petit four où elle faisait cuire un gâteau à la fois avant de le décorer. Sa passion ne s'atténuant pas avec les années, elle a décidé, avant de s'inscrire à un cours de cuisine, de travailler dans la restauration pendant ses vacances d'été, histoire de vérifier si elle aimait vraiment ce métier.

Pour Manon, la cuisine est une vocation et elle ne changerait rien à son parcours. Elle apprécie beaucoup le contact qu'elle a avec les producteurs. « Un jour, Michel Lavoie, de la Fromagerie De Lavoye, est venu me voir. À ce moment-là, son commerce n'était pas encore lancé, mais il m'a présenté quelques-uns des produits qu'il avait l'intention de mettre sur le marché. Ce contact est précieux. Nous apprenons à travailler ensemble pour mieux évoluer. »

Quant à l'avenir... « Je sais que je resterai ici pendant plusieurs années. Il y a une grande complicité avec Adrien et cette confiance me permet de bien exprimer ma créativité. Je considère que je suis choyée. Adrien sait écouter et c'est un bon professeur. Il a un grand respect pour les gens. De plus, il a un bon sens de l'humour. »

Tranquillement, la transition s'effectuera et Manon sera un jour seule à la barre du grand navire. Le succès attend cette jeune femme qui a aujourd'hui 30 ans à peine. Aucun doute, elle est à bonne école !

Voir recettes pages 48, 92 et 112

Marc Dupont

Chef propriétaire
La Maison Ronde
Saint-Germain-de-Kamouraska

J'ai rencontré Marc Dupont pour la première fois au printemps 1999. Cela faisait à peine trois ans qu'il était installé avec Nicole Gravel dans cette maison à l'architecture un peu curieuse puisqu'elle est parfaitement « ronde ». Une maison ronde qui n'était pas à vendre, d'ailleurs.

Le géographe, professeur de cartographie et cuisinier du dimanche avait abandonné l'enseignement pour devenir gentleman farmer et partager ses petits et grands secrets de cuisine avec nous.

« Au début, nous faisions des confitures avec des amélanches, des prunes, des framboises, des poires, des griottes et d'autres petits fruits que l'on cueille dans la région. Nous avons aussi fait confire certains légumes, comme les carottes. Les carottes confites sont vite devenues populaires. Dès le départ, nous avons misé sur des produits de qualité et nous avons évolué en même temps que notre clientèle, tout en développant le volet de la table. »

Le goût de cuisiner ? Marc vous dirait que lorsqu'on apprécie les bons plats, il est tout naturel de faire des recherches et de s'aventurer. Et le voilà qui propose une cuisine champêtre, où une place toute particulière est réservée aux champignons et autres trésors forestiers ! Ce sont surtout les produits de la ferme – canards, oies, agneaux, lapins, pintades et légumes du potager – qui sont apprêtés de manière absolument savoureuse.

Natif de Saint-Denis-de-la-Bouteillerie, Marc est revenu au « doux pays ». Nicole et Marc ont aussi réalisé leur rêve en octobre 2001 puisqu'on a finalement accepté de leur vendre la Maison Ronde.

Pour découvrir une cuisine réconfortante et authentique, et pour voir des animaux élevés aux petits oignons au cœur d'un verger de nature généreuse, prenez le rang Mississipi ! Réservations de rigueur !

Voir recettes pages 62, 100 et 114

CAROLE FAUCHER ET JEAN ROSSIGNOL

Aubergistes

AUBERGE DU MANGE GRENOUILLE

Le Bic

Carole Faucher et Jean Rossignol se connaissent depuis longtemps. Lorsqu'ils habitaient à Montréal, au début de leur carrière de comédiens, ils adoraient recevoir leurs camarades. Jean, passionné de bonne cuisine, s'illustrait aux fourneaux tout en observant l'aisance et la vivacité de Carole ainsi que le réel plaisir qu'elle avait à être en bonne compagnie.

« Jean est venu au Bic pour me voir jouer au théâtre d'été. Ensemble, nous avons découvert l'ancien magasin général, qui était abandonné depuis cinq ans. Je n'y aurais pas pensé, mais Jean, lui, se voyait déjà aubergiste. » L'Auberge du Mange Grenouille a ouvert ses portes l'été suivant. C'était en 1990.

« Tout était à faire. Cette grosse bâtisse, au cœur du village, aurait sans doute été démolie. Nous avons commencé par aménager quelques chambres et courir les brocanteurs... Les gens nous invitaient à voir les « trésors » cachés dans leur garage... Heureusement, Jean est très habile des ses mains, ne serait-ce qu'avec un simple bout de tissu... quand il n'est pas en train de modifier l'agencement des jardins ! »

Issus du milieu artistique, ils ont associé leurs talents, qui s'expriment tant par le décor romantique – parfois avec la présence au détour d'un couloir d'un personnage de notre patrimoine qui nous ramène vite au 19e siècle, – que par l'atmosphère chaleureuse qu'ils ont su créer. Et puis, grâce à une carte non moins théâtrale, la gastronomie est réjouissante. Les récompenses prestigieuses qu'ils ont obtenues en font foi.

« Cette maison me rend humble. Elle est grande ; elle nous permet d'y vivre et de réaliser notre rêve ; elle nous remercie de lui avoir donné ce second souffle... Elle est très vivante ! Elle existait avant notre arrivée et elle existera après notre départ. On a habituellement ce sentiment envers des gens plutôt qu'envers une maison, mais, aussi étrange que cela puisse paraître... »

Située en haut de la falaise qui surplombe l'imposante baie du Bic, l'Auberge du Mange Grenouille, inventée « pour les amoureux des campagnes et des bonnes choses de la vie », est sertie au cœur de ses beaux jardins, – où se trouve aussi la petite chapelle, qui révèle d'autres souvenirs et d'autres tendresses.

Voir recettes pages 70, 88 et 106

Sylvain Gagnon
Chef exécutif
Hôtel Universel
Rivière-du-Loup

Natif de l'Islet, Sylvain Gagnon a étudié la cuisine à Québec et il a travaillé pour quelques bonnes tables avant de venir s'installer ici. « Contrairement au dicton voulant que « qui prend mari, prend pays », c'est mon épouse qui est native du Bas-Saint-Laurent.

« Les circonstances ont voulu que je laisse l'hôtellerie, le temps d'étudier la fabrication du fromage, puis nous sommes venus nous installer ici. J'apprécie la proximité de la campagne – en cinq minutes de voiture, on y est ! »

Le complexe de l'Auberge Universel RDL comporte des secteurs d'activités distincts, soit le service de banquets et deux restaurants, Le Rialto et La Verrière, avec pour spécialité la côte de bœuf.

Et où se situent les produits régionaux dans tout cela ? « Je suis fier de dire que nous offrons le Natur'BŒUF, un produit cent pour cent bas-laurentien qui n'a rien à envier à la viande d'autres provenances et nous en avons l'exclusivité dans un rayon de 100 kilomètres. Je travaille aussi avec Claudie Gagné, qui me fournit les herbes salées. Des produits uniques ! Peu importe qu'ils coûtent un peu plus cher que les produits courants, car notre philosophie consiste aussi à encourager les producteurs de la région. Il y a également les fromages des Légendes Caprines, le poisson des Pêcheries Ouellet… »

Sylvain aime se ressourcer et il y accorde une grande importance. « Je souhaiterais bien avoir plus de temps pour aller manger dans les établissements de la région, car j'aime l'atmosphère qui règne dans un restaurant et je veux encourager mes confrères. Me retrouver autour d'une table est un grand plaisir… Il y a de bons cuisiniers des deux côtés de la famille ; quand on se met à table, c'est pour la soirée ! Ce n'est pas une perte de temps, on adore ça ! »

Sylvain considère le métier de cuisinier comme une vocation et il est fier de dire aux jeunes qu'il n'a pas un « job », mais un « métier » ! Et que c'est pour la vie ! « Je suis un cuisinier. Si vous cherchez le cook, excusez-moi, mais il n'y en a pas ici ! »

Voir recettes pages 64, 72 et 96

Luc Généreux
Chef propriétaire
Au Relais de Kamouraska
Kamouraska

Situé à l'entrée du village de Kamouraska, le Relais de Kamouraska est beaucoup plus qu'un restaurant. C'est une halte incontournable ! Ici, on s'arrête aussi pour se renseigner et, en un clin d'œil, on apprend tout ce qu'il faut savoir sur les festivals, les fêtes et les expositions, les gens… Bref, sur ce qui anime le Kamouraska.

Avant l'arrivée de l'autoroute, la route 132 était l'unique chemin. Emprunter la route touristique a ses avantages. C'est là que se trouvent la vie et l'occasion de parler aux gens, de se renseigner, de se laisser accueillir… Et puis la vue sur le fleuve est magnifique !

Luc Généreux a fait ses classes à l'Institut de tourisme et d'hôtellerie du Québec, et il a toujours travaillé dans l'industrie. Parfois en cuisine, mais aussi comme entrepreneur. Ce qui ne l'a pas empêché de garder un œil vigilant sur l'évolution de la cuisine, au Québec comme à l'étranger.

Après avoir passé sa jeunesse dans le Bas-Saint-Laurent, Luc est parti bourlinguer et travailler à Montréal. Quinze ans plus tard, il est revenu s'installer ici en permanence. Pour se rapprocher des siens, mais aussi pour contribuer au développement touristique. Ses efforts ont été récompensés lorsqu'il a reçu, en 2002, le trophée Meritas Maurice-Proulx.

Il qualifie sa cuisine de « marine et paysanne ». « Marine parce que la mer commence ici et paysanne, parce que nous voulons mettre en valeur le terroir du Kamouraska. Nous proposons l'anguille et l'esturgeon, les herbes marines… sans oublier l'agneau, bien entendu. Il faut encourager les efforts des artisans et, par exemple, offrir les produits de la boulangerie Neimand ; cela fait partie du développement de la région. »

Luc s'implique dans de nombreux projets qui touchent à la restauration, à la culture et aux arts autant qu'au développement touristique régional. « Parce que j'y crois ! », dit-il.

En 2004, le restaurant Au Relais de Kamouraska fête ses 50 ans… et son propriétaire aussi ! Ça promet d'être toute une fête !

GILLES LAFOREST
Chef exécutif
HÔTEL LEVESQUE
Rivière-du-Loup

Natif de Saint-Grégoire, dans le comté de Nicolet, Gilles Laforest a vécu à Québec, où il a étudié la cuisine. Au début de sa carrière, il a travaillé dans plusieurs établissements de la Vieille Capitale avant de venir s'installer à Rivière-du-Loup.

Il est entré au service de l'Hôtel Levesque comme souschef en 1975 et il n'en est jamais reparti. Le chef exécutif s'occupe aujourd'hui de la gestion sous tous ses angles. Malgré la taille plutôt modeste de l'équipe, c'est incroyable le nombre de plats qui sort de cette cuisine !

Gilles connaît bien les producteurs de la région et il travaille avec eux depuis déjà plusieurs années. D'ailleurs, la carte de la salle à manger La Distinction et celle de La Terrasse en font foi puisqu'ils y sont identifiés. « Nous avons toujours collaboré avec les producteurs locaux. La différence, c'est qu'aujourd'hui nous prenons la peine de mentionner leurs noms. Nous nous sommes aussi donné comme objectif de faire valoir les produits régionaux, dont la qualité n'a cessé de s'améliorer. »

« Saviez-vous que nous sommes le seul établissement du Bas-Saint-Laurent à servir de l'agneau de pré salé de l'Île-Verte ? Et puis, Sylvie et Bruno, de La Manne Rouge, en plus de bien travailler leur verger, sont fort sympathiques ! J'aime aussi visiter d'autres régions, j'aime voir ce qui se fait ailleurs. Cela me donne souvent de bonnes idées et me permet aussi d'être toujours à la page. »

Gilles a aussi mené son équipe à la victoire lors de concours régionaux de prestige, tels que les Grands Prix du tourisme québécois et le Mérite de la restauration. Il est aussi un des promoteurs de la philosophie de l'équipe de direction qui s'inspire des éléments – l'air, l'eau, le feu et la terre – pour présenter une cuisine authentiquement bas-laurentienne.

Voir recettes pages 50, 94 et 108

HUGUES MASSEY
Chef propriétaire
AUBERGE DU CHEMIN FAISANT
Cabano

Hugues Massey est né à Cap-aux-Meules, la « capitale » des Îles-de-la-Madeleine, dit-il en souriant, et il représente la troisième génération de restaurateurs-aubergistes.

Après avoir fréquenté le Collège de Mérici, à Québec, il a travaillé pour quelques bonnes tables. C'est alors qu'il s'est épris de Liette Fortin, la belle brune de Beaupré avec qui il a caressé le rêve de posséder un jour une petite auberge.

Ils ont d'abord envisagé de s'établir à Baie-Saint-Paul, mais, alors qu'ils dessinaient des plans, ils ont entendu parler d'une occasion à Cabano, dans le Témiscouata. Ils s'y sont rendus, juste pour voir... Ce fut le coup de foudre et ils ont aussitôt compris tout le potentiel de cette belle maison, construite sur un terrain magnifique. Au mois de juin 1999, l'Auberge du Chemin Faisant a ouvert ses portes.

« Nous voulions donner à la gastronomie la place qui lui revient, mais servie dans un cadre convivial. Liette, qui n'était pas du métier, a dû s'initier à la sommellerie en même temps qu'au service et à l'administration pendant que je m'occupais de la cuisine. » Leurs efforts ont été couronnés. L'auberge du Chemin Faisant est récipiendaire des Grands prix du tourisme québécois.

Hugues, par le biais de sa cuisine, reconnaît la qualité du travail des producteurs et il fait des prouesses pour amener de véritables petits bijoux jusque dans l'assiette. « J'ai eu trois modèles dans ma vie et je m'en suis inspiré : d'abord mon père, Vincent, puis Claude Godbout et Claude Cyr. » Jamais il n'oubliera « ses » Îles, dont il propose souvent les fins produits.

Tous les soirs, une fois le service terminé, Hugues se met au piano. Si c'est pour lui l'ultime détente, c'est, pour ceux qui l'écoutent, un moment bien agréable. Un gars des Îles, ça connaît la musique « Ça vient du côté de ma grand-mère. Jouer de la musique, aux Îles, y a que ça à faire ! », dit Hugues, avec un sourire malicieux.

Voir recettes pages 66, 68 et 86

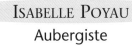

Isabelle Poyau
Aubergiste

Il y a presque 20 ans de cela, toute seule, avec un sac à dos pour tout bagage, Isabelle Poyau est venue visiter le Québec. Elle a ensuite traversé le Canada jusqu'à Vancouver avant de se rendre en Californie. Revenue à Montréal avant de retourner en France, elle savait d'ores et déjà qu'elle allait revenir s'installer ici.

« C'est vraiment par amour pour le Québec que je suis revenue. J'ai rencontré Yvon après, alors que je terminais mes études à Montréal. Un beau jour, nous sommes partis rendre visite à des bons amis d'Yvon qui habitaient près de Rimouski. Vite épris de la région, nous avons acheté une petite maison à Saint-Fabien, caressant le rêve de quitter la ville et d'être nos propres patrons. Ouvrir une auberge était plutôt une idée d'Yvon au départ. Il m'a communiqué son enthousiasme ; nous partagions une passion pour les maisons anciennes. Avec ses talents de décorateur, ça facilitait les choses. »

À l'époque, le tourisme dans le Kamouraska était peu développé et Isabelle et Yvon ont tout de suite vu son potentiel. « Nous avons eu un coup de cœur pour cette belle maison patrimoniale qui semblait abandonnée. Nous avons fait des recherches pour retrouver ses propriétaires, deux frères qui n'avaient pas l'intention de vendre. Lorsque nous leur avons parlé de nos projets, ils nous ont fait confiance et ils ont accepté notre proposition. »

« Démarrer notre entreprise, c'était au départ très enthousiasmant. Nous avons mis nos talents à profit et nous nous sommes vite aperçus à quel point nous nous complétions. Yvon, c'est le créateur, le visionnaire. Moi, je suis plutôt l'organisatrice, l'administratrice. »

Le cadre du Kamouraska est magnifique et il inspire plus d'un artiste. Ainsi, l'hiver, Isabelle écrit des romans pour adolescents.

La Solaillerie, c'est un projet qui a bien grandi. Et voilà que l'auberge fête ses 10 ans cette année !

Yvon Robert
Chef propriétaire
La Solaillerie
Saint-André-de-Kamouraska

Né à Coaticook, Yvon Robert a passé son enfance à Saint-Hyacinthe. « Je n'aimais pas beaucoup l'école. Ma mère a toujours travaillé dans les restaurants et je l'ai suivie. Dans les cuisines, j'ai fait mon petit bonhomme de chemin... »

« Puis, j'ai décidé d'étudier en cinéma. J'ai réalisé des courts-métrages, j'ai travaillé aux décors, j'ai été chef machiniste, mais je me suis rendu compte que la cuisine est un art dont je me sens plus proche et davantage le maître d'œuvre. »

« J'avais vu l'Auberge Le Georgeville, dans les Cantons-de-l'Est et j'ai pensé que ça pourrait être « tripant » d'être le propriétaire d'une auberge comme celle-là. Plus tard, alors qu'Isabelle et moi vivions à Saint-Fabien, nous avons sillonné la région à la recherche d'une belle maison que nous pourrions transformer en auberge. Quand on a vu celle-là, on s'est dit : on l'achète ! »

Après un hiver de chantier, l'auberge proposait quelques chambres rénovées et un bistro. Mais, les gens qui s'arrêtaient étaient souvent déçus de ne pas y trouver une grande table. « Nous avons donc petit à petit modifié la carte et bêché le jardin pour en faire un potager. J'ai beaucoup lu, beaucoup expérimenté et j'ai fait des recherches sur les produits de notre région.

« Puis, je me suis intéressé au produit. À la qualité du produit, point à la ligne. Je me suis dit que si je mettais des produits de qualité dans l'assiette, apprêtés comme ils le méritaient, je ne pouvais pas me tromper. Je consulte des spécialistes. Avec Patrice Fortier, j'apprends à travailler les légumes... Je me demande aussi comment je pourrais cuisiner, créer, sans aller voir le produit dans la nature pour mieux le comprendre. »

Misant sur la qualité et la fraîcheur des produits, y compris les légumes et les fines herbes du potager, Yvon souhaite voir sa cuisine devenir encore plus « campagnarde ». « Il faut prendre le temps d'apprécier la beauté de l'aliment. Voyez la cressonnette du Maroc : il serait bien triste de la déchiqueter avant de la déposer dans l'assiette... »

Voir recettes pages 74, 90 et 110

43

FRANÇOIS VÉZIER
Chef exécutif
AUBERGE SUR MER
Notre-Dame-du-Portage

Né à Rouen, en Normandie, François Vézier a presque fait le tour du monde. Fils de charcutier, il a étudié les métiers de charcutier, de traiteur et de cuisinier.

« Je préparais mon certificat d'aptitude professionnelle, à Paris. Un jour, on a demandé si quelqu'un était intéressé à aller travailler au Québec. Sans trop réfléchir, j'ai levé la main. Quinze jours après avoir obtenu mon diplôme, je me suis retrouvé engagé au Québec.

« Je n'ai jamais eu l'idée d'aller m'installer ailleurs. Je suis ici chez moi ! La côte me rappelle la Normandie sauvage, mais il y a aussi la mentalité, les relations humaines… » On lui a proposé un jour d'enseigner à Montréal. Il ne lui a pas fallu beaucoup de temps pour se rendre compte à quel point il était bien dans cette région. Et cela n'avait pas de prix !

Depuis six ans, François occupe le poste de chef exécutif à l'Auberge sur mer, à Notre-Dame-du-Portage. Il était temps de ralentir la cadence et puis, il aime tellement cette plage… L'hiver, il enseigne la cuisine actualisée à l'école des métiers de Rivière-du-Loup.

« Dans la mesure du possible, je veux que tout soit apprêté ici : du gravlax à la charcuterie de viande et de poisson, etc. C'est plus long, cela veut dire qu'il nous faut plus de fournisseurs, mais c'est beaucoup plus intéressant et valorisant de travailler ainsi. »

« Il y a eu une évolution fabuleuse au Québec et on n'a rien à envier à la France sur le plan de la gastronomie. J'aime dire que je fais une cuisine d'intuition. La recette en est simple : des produits régionaux, des produits frais, quelques herbes des battures… D'abord, je regarde, je sens, je touche, je goûte… Puis, m'appuyant sur des techniques solides, je traite le produit, souvent très simplement, mais toujours avec beaucoup de déférence. »

François s'efforce de transmettre la fierté du métier aux étudiants ; un métier qu'il veut défendre et voir valorisé contre vents et marées !

Voir recettes pages 54, 60 et 80

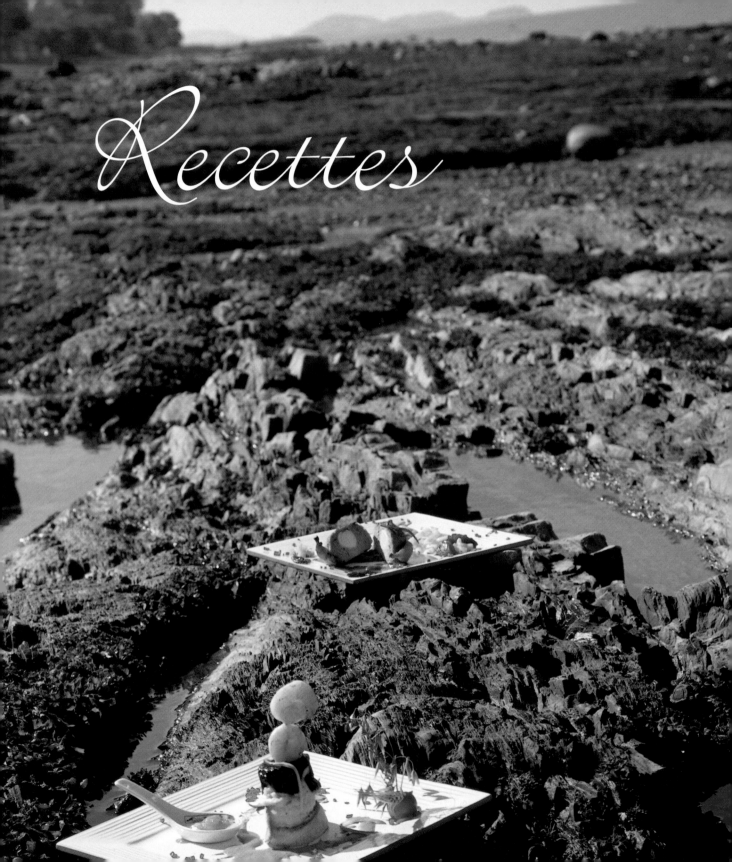

Recettes

Potages

CRÈME DE TOMATE
AU FROMAGE BLEU DE LAVOYE
Manon Lévesque *– Le Saint-Patrice*

DUO DE POTAGES AU CHOU-FLEUR ET AUX HARICOTS VERTS
ET CANARD FUMÉ AVIBIER
Gilles Laforest *– Hôtel Levesque*

POTAGE AU NAVET ET AU MIEL
DE ST-PAUL-DE-LA-CROIX
Luc Généreux *– Au Relais de Kamouraska*

POTAGES COMPLICES À LA POIRE AU VIN
ET À LA SALICORNE DES JARDINS DE LA MER
François Vézier *– Auberge sur mer*

CRÈME DE TOMATE
AU FROMAGE BLEU DE LAVOYE

4 portions

6	tomates	
1/2	oignon haché	
1	branche de céleri	
1	carotte	
1,5 l	fond de volaille	6 tasses
30 ml	pâte de tomate	2 c. à soupe
5 ml	sucre	1 c. à thé
30 ml	fromage bleu De Lavoye	2 c. à soupe
60 ml	crème 35 %	1/4 tasse
	sel et poivre	

Dans une casserole, combinez les tomates, l'oignon, le céleri et la carotte. Mouillez avec le fond de volaille, ajoutez la pâte de tomate, le sucre, le sel et le poivre. Faites cuire à feu doux pendant environ 25 minutes.

Au robot culinaire, réduisez en purée. Passez au chinois. Ajoutez la crème. Rectifiez l'assaisonnement. Déposez une cuillerée de fromage sur le dessus du potage.

Voir Fromagerie De Lavoye page 31

DUO DE POTAGES AU CHOU-FLEUR
ET AUX HARICOTS VERTS
ET CANARD FUMÉ AVIBIER

Dans une petite casserole, déposez les échalotes, le chou-fleur, le bouillon de poulet, le sel et le poivre. Faites cuire à feu doux pendant environ 8 minutes. Réservez.

Au robot culinaire, réduisez en purée. Passez au chinois. Ajoutez la crème et rectifiez l'assaisonnement. Réservez au chaud.

Dans une petite casserole, déposez l'échalote, les haricots verts, le bouillon de poulet, le sel et le poivre. Faites cuire à feu doux pendant environ 8 minutes. Réservez.

Au robot culinaire, réduisez en purée. Passez au chinois. Ajoutez la crème et rectifiez l'assaisonnement. Réservez au chaud.

Garnissez de canard fumé taillé finement.

4 portions

Potage au chou-fleur

2	échalotes vertes	
500 ml	chou-fleur	2 tasses
750 ml	bouillon de poulet	3 tasses
30 ml	crème 35 %	2 c. à soupe
	sel et poivre	

Potage aux haricots verts

1	échalote verte	
330 ml	haricots verts	1 1/3 tasse
500 ml	bouillon de poulet	2 tasses
15 ml	crème 35 %	1 c. à soupe
	sel et poivre	
45 g	canard fumé	1 1/2 once

POTAGE AU NAVET ET AU MIEL
DE ST-PAUL-DE-LA-CROIX

Taillez les légumes en dés. Dans un fait-tout, déposez le beurre et faites suer les légumes. Mouillez avec l'eau et le bouillon de poulet. Ajoutez le melon et assaisonnez.

Amenez à ébullition et laissez mijoter pendant environ 45 minutes.

Au robot culinaire, réduisez en purée. Passez au chinois. Rectifiez l'assaisonnement et ajoutez le miel.

4 portions

1	gros navet	
3	pommes de terre	
1	oignon	
30 ml	beurre	2 c. à soupe
1/2	melon miel	
1 l	eau	4 tasses
125 ml	bouillon de poulet	1/2 tasse
	sel, poivre, basilic	
20 ml	miel	4 c. à thé

Voir miel naturel St-Paul-de-la-Croix page 29

POTAGES COMPLICES
À LA POIRE AU VIN
ET À LA SALICORNE DES JARDINS DE LA MER

4 portions

Potage à la poire au vin

500 ml	vin rouge	2 tasses
4	poires Bartlett	
190 ml	grenadine	3/4 tasse
50 g	gingembre blanchi deux fois	1 1/4 once
4	anis étoilés	
75 ml	fécule de maïs	6 c. à soupe

Dans une casserole, versez le vin, les poires, la grenadine, le gingembre et l'anis étoilé (déposez ces 2 ingrédients dans une petite mousseline). Faites cuire à feu doux environ 15 minutes. Une fois les poires cuites – elles doivent résister légèrement à l'insertion d'une fourchette –, retirez l'anis et le gingembre.

Au robot culinaire, réduisez en purée, puis passez au chinois.

Versez dans une casserole. Portez à ébullition, coupez la chaleur et incorporez la fécule de maïs préalablement délayée dans un peu d'eau froide. Salez et poivrez au goût.

Potage à la salicorne des Jardins de la mer

60 ml	huile d'olive	1/4 tasse
1	échalote verte	
2	échalotes françaises	
250 g	salicorne	9 onces
1,50 l	crème 35 %	6 tasses
	pincée de muscade râpée	
15 ml	jus de citron	1 c. à soupe
	sel et poivre	

Dans une casserole, versez l'huile et faites revenir les échalotes (verte et françaises). Ajoutez la salicorne*, puis faites sauter modérément ; mouillez avec la crème. Laissez cuire pour réduire légèrement. Ajoutez la muscade, le jus de citron, le sel et le poivre.

Au robot culinaire, réduisez en purée, puis passez au chinois. Rectifiez l'assaisonnement*.

* La salicorne est une herbe des battures, donc salée naturellement par le fleuve.

Voir Les Jardins de la mer page 17

Entrées

CARPACCIO DE NATUR'BŒUF
SAISI AUX HERBES SALÉES
Martin Ashby – *Hôtel Rimouski*

CHARTREUSE DE CREVETTES TIÈDE EN NORI
COULIS D'ARROCHE DU KAMOURASKA
COMPOTE DE CERISES DE TERRE
François Vézier – *Auberge sur mer*

CROÛTE AUX CHANTERELLES DE NOS SOUS-BOIS
Marc Dupont – *La Maison Ronde*

FILO D'OURSIN D'ÉCHINORD
AUX POMMES DE LA MANNE ROUGE
ET GOUDA DE CHÈVRE DES LÉGENDES CAPRINES
Sylvain Gagnon – *Hôtel Universel RDL*

FOIE GRAS AU BEURRE
AU CHARLES-AIMÉ ROBERT EN GELÉE D'ÉRABLE
JUS DE CANNEBERGE ALCOOLISÉ
AU VAL-AMBRÉ DU DOMAINE ACER
Hugues Massey – *Auberge du Chemin Faisant*

GALETTE À LA POUDRE DE MAMAN
BRUSCHETTA DE HARENG FUMÉ DE MES ÎLES
ET FROMAGE LE CLANDESTIN DE LA FROMAGERIE LE DÉTOUR
Hugues Massey – *Auberge du Chemin Faisant*

ROGNONS DE LAPIN CONFITS EN BOUILLON BLOND
CRÉMEUSE DE GOÉMON DE LA FROMAGERIE DE LAVOYE
Auberge du Mange Grenouille

TARTARE DE CHEDDAR DE CHÈVRE
DES LÉGENDES CAPRINES
Sylvain Gagnon – *Hôtel Universel RDL*

TARTELETTE DE RIS D'AGNEAU DU KAMOURASKA
CARAMÉLISÉS AU MIEL BIOLOGIQUE
DE LA MIELLERIE LE MYOSOTIS
ET RAGOÛT DE CHAMPIGNONS SAUVAGES
Yvon Robert – *La Solaillerie*

CARPACCIO DE NATUR'BŒUF
SAISI AUX HERBES SALÉES

Incorporez tous les ingrédients de la marinade et mélangez bien. Parez le filet de bœuf, frottez-le avec la marinade et placez-le dans un papier pellicule fermé hermétiquement. Réservez au réfrigérateur pendant 12 à 24 heures.

Dans une poêle, versez l'huile d'olive et faites saisir à feu vif de toutes parts. Laissez-le refroidir, puis emballez-le hermétiquement dans du papier pellicule. Réservez au congélateur pendant 12 heures. Taillez le filet en tranches fines pendant qu'il est encore à demi gelé.

4 portions

1	filet de bœuf de 300 g (10 1/2 onces)	
60 ml	huile d'olive	1/4 tasse

Marinade

60 ml	herbes salées	1/4 tasse
10 ml	raifort frais râpé	2 c. à thé
10 ml	moutarde de Dijon	2 c. à thé
5 ml	poivre du moulin	1 c. à thé

Voir Natur'BŒUF page 125

CHARTREUSE DE CREVETTES TIÈDE EN NORI
COULIS D'ARROCHE DU KAMOURASKA
COMPOTE DE CERISES DE TERRE

4 portions

150 g	grosses crevettes décortiquées	5 1/2 onces
	filet de vin blanc	
1	blanc d'œuf	
15 ml	pernod	1 c. à soupe
125 ml	crème 35 %	1/2 tasse
60 ml	lait	1/4 tasse
5 ml	huile d'olive	1 c. à thé
1	feuille d'algue nori	

Matériel : 4 ramequins

Coulis d'arroche

250 ml	crème 35 %	1 tasse
250 ml	arroche de mer (épinard du fleuve)	1 tasse

Compote de cerises de terre

250 ml	sucre	1 tasse
60 ml	eau bouillante	1/4 tasse
250 ml	cerises de terre	1 tasse

Au robot culinaire, faites réduire en purée les crevettes bien asséchées en y incorporant le vin blanc, le blanc d'œuf et le pernod, jusqu'à obtention d'un appareil homogène. Ajoutez la crème et le lait. Salez et poivrez*.

Huilez légèrement les ramequins avec l'huile d'olive. Coupez la feuille de nori en quatre et passez-la sous l'eau froide pour la ramollir. Chemisez les ramequins avec les algues et, à l'aide d'une poche à douille, remplissez-les jusqu'au bord avec l'appareil. À l'aide d'une spatule à dessert, tassez bien l'appareil.

Faites cuire au bain-marie au four à 160 °C (325 °F) pendant environ 20 minutes ou jusqu'à ce que la lame du couteau en sorte propre.

Équeutez l'arroche et déposez-la dans une casserole avec la crème. Amenez à ébullition et laissez réduire de moitié. Passez cette réduction au robot, puis au chinois. Assaisonnez**.

Dans une casserole, faites fondre le sucre dans l'eau bouillante. Amenez à ébullition ; ajoutez les cerises de terre et laissez frémir pendant environ 10 minutes.

Au moment de servir, réchauffez légèrement la chartreuse au four à micro-ondes pendant environ 3 minutes à intensité moyenne avec un filet d'eau dans le fond de l'assiette et couverte d'un papier pellicule. Versez un peu de sauce dans l'assiette, puis déposez-y la chartreuse.

* *Ne donnez que quelques tours au robot pour empêcher le caillage des matières lactiques.*

** *L'arroche est une herbe des battures, donc salée naturellement par le fleuve.*

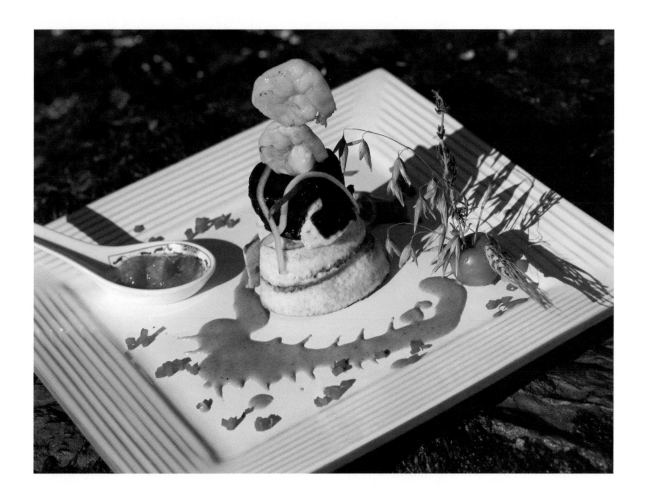

CROÛTE AUX CHANTERELLES
DE NOS SOUS-BOIS

Taillez les chanterelles grossièrement. Écrasez l'ail et émincez les échalotes.

Dans une poêle antiadhésive, faites suer les champignons sans matière grasse pendant quelques minutes. Récupérez l'eau de cuisson et réservez. Dans la poêle, mettez le beurre et l'huile d'olive, puis faites sauter les champignons avec l'ail et l'échalote. Assaisonnez.

Laissez infuser les cèpes dans l'eau chaude. Récupérez l'eau. Faites-la réduire du tiers et réservez.

Dans une poêle, déposez le beurre. Incorporez la farine et mélangez bien pour faire un roux. Ajoutez le jus réservé de cuisson des champignons et le lait pour compléter la mesure. Incorporez les chanterelles sautées.

Au moment de servir, faites griller les tranches de pain, badigeonnez-les de beurre et déposez-les dans une assiette chaude. Nappez de sauce.

4 portions

400 g	chanterelles	14 onces
1	gousse d'ail	
2	échalotes françaises	
5 ml	beurre	1 c. à thé
15 ml	huile d'olive	1 c. à soupe
	sel et poivre	
4	tranches de pain de ménage	

Fond de champignons

1	poignée de cèpes séchés	
500 ml	eau chaude	2 tasses

Sauce béchamel

30 ml	beurre	2 c. à soupe
30 ml	farine	2 c. à soupe
250 ml	fond de champignons	
	+ lait pour compléter la mesure	1 tasse

FILO D'OURSIN D'ÉCHINORD
AUX POMMES DE LA MANNE ROUGE
ET GOUDA DE CHÈVRE DES LÉGENDES CAPRINES

Dans une casserole, versez le vin blanc avec l'échalote et plongez-y les languettes d'oursin. Amenez à ébullition et laissez frémir pendant 3 minutes. Passez au chinois et réservez.

Étendez une feuille de pâte filo et pliez-la en quatre. Badigeonnez-la avec du beurre fondu. Déposez les languettes d'oursin, ajoutez le zeste et arrosez du jus de citron. Assaisonnez.

Refermez les feuilles de pâte filo pour former des baluchons et déposez-les sur une plaque enduite de beurre. Dans un four préchauffé à 180 °C (350 °F), faites-les cuire jusqu'à ce qu'ils soient dorés, soit environ 10 minutes.

Dans une casserole, versez le vin et laissez réduire de moitié. Ajoutez-y la crème et laissez réduire jusqu'à obtention d'une consistance onctueuse.

200 g	languettes d'oursin	8 onces
250 ml	vin blanc sec	1 tasse
30 ml	échalotes vertes ciselées	2 c. à soupe
4	feuilles de pâte filo	
	zeste et jus d'un citron	
250 ml	gouda de chèvre râpé	1 tasse
1	pomme McIntosh	
	ou Spartan coupée en dés	
	sel et poivre	
60 ml	beurre fondu	1/4 tasse
250 ml	crème 35 %	1 tasse

Voir La Manne Rouge page 29
Voir Les Légendes Caprines du Bas-du-Fleuve page 125

FOIE GRAS AU BEURRE
AU CHARLES-AIMÉ ROBERT EN GELÉE D'ÉRABLE
JUS DE CANNEBERGE ALCOOLISÉ
AU VAL-AMBRÉ DU DOMAINE ACER

4 portions

1	lobe de foie gras de canard de 200 g (7 onces)	
45 ml	beurre doux	3 c. à soupe
30 ml	porto d'érable Charles-Aimé Robert	2 c. à soupe
30 ml	sirop d'érable	2 c. à soupe
	sel et poivre blanc	
	gelée d'érable du Domaine Acer	

Parez soigneusement le foie gras. Au robot culinaire, réduisez en purée jusqu'à obtention d'une consistance de beurre. Ajoutez le beurre, le porto d'érable et le sirop d'érable. Mélangez bien. Salez et poivrez. À l'aide d'une poche à douille, remplissez un petit ramequin et laissez refroidir. Avant de servir, laissez tempérer sur le comptoir pendant environ 15 minutes. Garnissez avec la gelée d'érable.

Jus de canneberge

250 ml	canneberges	1 tasse
250 ml	sucre blanc	1 tasse
250 ml	eau	1 tasse
250 ml	pineau Val-Ambré	1 tasse
1	anis étoilé	
2 bâtons	cannelle	

Dans une casserole, versez l'eau et le sucre. Portez à ébullition et laissez bouillir pendant 5 minutes. Versez le sirop sur les canneberges, puis ajoutez le reste des ingrédients. Laissez macérer au moins une semaine au réfrigérateur.

Voir Domaine Acer pages 22 et 31

GALETTE À LA POUDRE DE MAMAN

BRUSCHETTA DE HARENG FUMÉ DE MES ÎLES ET FROMAGE LE CLANDESTIN DE LA FROMAGERIE LE DÉTOUR

4 portions

Galettes à la poudre de maman

250 ml	farine	1 tasse
5 ml	sucre blanc	1 c. à thé
	pincée de sel	
10 ml	poudre à pâte	2 c. à thé
30 ml	tomates séchées émiettées	2 c. à soupe
15 ml	cèpes déshydratés	1 c. à soupe
	branche de romarin frais	
30 ml	graisse végétale	2 c. à soupe
60 ml	lait 2 %	1/4 tasse
60 ml	eau	1/4 tasse

Bruschetta

15 ml	olives noires émincées	1 c. à soupe
15 ml	olives vertes émincées	1 c. à soupe
15 ml	échalote française	1 c. à soupe
45 ml	poivrons mélangés émincés	3 c. à soupe
15 ml	pignons de pin	1 c. à soupe
1 filet	hareng fumé émincé	
125 ml	huile de pépins de raisin	1/2 tasse
45 ml	vinaigre de vin rouge	3 c. à soupe
15 ml	sirop d'érable	1 c. à soupe
	sel et poivre du moulin	
200 g	fromage Le Clandestin	7 onces

Mélangez bien tous les ingrédients secs, y compris les feuilles de romarin. Coupez la graisse végétale dans cette préparation jusqu'à obtention d'un appareil homogène.

Ajoutez le lait et l'eau pour former la pâte, qui doit être légèrement humide. Sur une surface enfarinée, abaissez l'appareil jusqu'à obtention d'une pâte d'environ 5 cm (2 po) d'épaisseur. À l'aide d'un emporte-pièce (environ 3,5 cm/1 1/2 po), formez 8 galettes.

Déposez-les sur une plaque et saisissez-les au four à 260 °C (500 °F). Réduisez la chaleur à 230 °C (450 °F), et faites cuire pendant 12 minutes. À la fin de la cuisson, tournez les galettes et remettez-les dans le four éteint pendant 5 minutes. Retirez ensuite le centre pour les farcir avec la bruschetta.

Dans une casserole, versez l'huile, le vinaigre et le sirop d'érable. Faites chauffer légèrement pour lier les ingrédients. Dans un bol, mélangez bien le reste des ingrédients, puis versez la marinade par-dessus. Laissez refroidir avant de garnir les galettes.

Sur une plaque, déposez les galettes farcies et coiffez-les d'un cube de fromage. Faites cuire au four à 200 °C (400 °F) pendant 5 minutes.

Voir Fromagerie Le Détour page 31

ROGNONS DE LAPIN CONFITS EN BOUILLON BLOND
CRÉMEUSE DE GOÉMON DE LA FROMAGERIE DE LAVOYE

4 portions

250 g	rognons de lapin	9 onces
15 ml	gros sel à marinade	1 c. à soupe
2	feuilles de laurier	
2	gousses d'ail écrasées	
250 ml	saindoux ou gras de canard	1 tasse

Bouillon à l'oignon

250 ml	oignon émincé	1 tasse
30 ml	beurre	2 c. à soupe
80 ml	vin marsala	1/3 tasse
	brin de sarriette	
1	gousse d'ail	
375 ml	bouillon de volaille	1 1/2 tasse
	poivre concassé	

Crémeuse de Goémon

80 ml	fromage Goémon	1/3 tasse
30 ml	crème 35 %	2 c. à soupe
	sel et poivre en grains	
	cumin ou sarriette fraîche	

Déposez les rognons dans le sel avec les gousses d'ail et le laurier. Réservez au frais pendant au moins 5 heures. Égouttez et épongez.

Dans une casserole allant au four, déposez le saindoux et les rognons. Faites cuire au four à 100 °C (200 °F) pendant environ 1 1/2 heure. Le moelleux des rognons indique une belle cuisson.

Dans une poêle, déposez un peu de beurre et faites blondir les oignons et l'ail avec quelques grains de poivre concassés et la sarriette. Déglacez au marsala, faites réduire de moitié et mouillez avec le bouillon.

Fouettez le fromage, ajoutez la crème et les aromates. Laissez refroidir.

Voir Fromagerie De Lavoye page 31

TARTARE DE CHEDDAR DE CHÈVRE DES LÉGENDES CAPRINES

Mélangez le fromage cheddar, les bleuets, l'oignon rouge et le zeste d'orange.

Montez l'huile et le vinaigre, et versez sur le fromage.

Mélangez bien et réservez au réfrigérateur pendant 2 heures.

4 portions

500 ml	cheddar aux fines herbes râpé	2 tasses
60 ml	bleuets séchés	1/4 tasse
15 ml	oignon rouge haché finement	1 c. à soupe
	zeste d'une orange	
	mesclun	

Vinaigrette

125 ml	huile d'olive	1/2 tasse
60 ml	vinaigre de framboise	1/4 tasse

Voir Les Légendes Caprines du Bas-du-Fleuve page 125

TARTELETTE DE RIS D'AGNEAU DU KAMOURASKA
CARAMÉLISÉS AU MIEL BIOLOGIQUE
DE LA MIELLERIE LE MYOSOTIS
ET RAGOÛT DE CHAMPIGNONS SAUVAGES

4 portions

Tartelettes

100 g	pâte brisée	3 1/2 onces
250 ml	pois secs (pour la cuisson)	1 tasse

Ris d'agneau

300 à 400 g	ris d'agneau	10 1/2 à 14 onces
1	oignon	
1	clou de girofle	
2	feuilles de laurier	
45 ml	miel biologique liquide	3 c. à soupe
30 ml	beurre clarifié	2 c. à soupe
	sel	

Ragoût de champignons sauvages

10 ml	huile d'olive	2 c. à thé
125 ml	brunoise (carotte, branche de céleri, oignon)	1/2 tasse
10 ml	beurre clarifié	2 c. à thé
180 ml	champignons sauvages	3/4 de tasse
60 ml	madère	1/4 de tasse
250 ml	fond de veau	1 tasse
	sel, poivre, thym	

Abaissez la pâte brisée et tapissez quatre petits moules à tarte. Remplissez le fond de pois secs et faites cuire au four à 180 °C (350 °F) pendant 10 à 15 minutes. Réservez.

Dans un bol, plongez les ris dans l'eau froide légèrement salée pendant toute une nuit pour les faire dégorger. Le lendemain, rincez-les à l'eau courante pendant 10 minutes.

Déposez les ris dans une casserole d'eau froide avec l'oignon piqué du clou de girofle, le laurier et une pincée de sel. Faites chauffer à feu doux. Au premier frémissement de l'eau, retirez les ris, rincez-les à l'eau courante pendant 5 minutes et épongez-les avec un linge propre. Parez les ris. Réservez.

Dans une poêle antiadhésive, versez l'huile d'olive et faites sauter la brunoise assaisonnée à feu moyen.

Pendant ce temps, dans une autre poêle antiadhésive, déposez un peu de beurre clarifié et faites sauter les champignons à feu vif pendant quelques minutes. Retirez les champignons et réservez le jus. Épongez les champignons et ajoutez-les à la brunoise ; faites sauter le tout jusqu'à ce que les champignons soient légèrement grillés. Déglacez avec le madère, mouillez avec le fond de veau et le jus des champignons. Réduisez de moitié.

Au moment de servir, réchauffez les tartelettes au four pendant 5 minutes. Dans une poêle antiadhésive, faites griller les ris à feu moyen dans du beurre clarifié. Ajoutez le miel, réduisez la chaleur et faites caraméliser les ris.

Voir Le Myosotis page 28

Plats principaux

AIGUILLETTE DE CANARD FUMÉ À L'ÉRABLE
SUR CONFIT D'OIGNON AU CHARLES-AIMÉ ROBERT
DU DOMAINE ACER
Martin Ashby – *Hôtel Rimouski*

CAILLE ROYALE FARCIE DE SON ŒUF
PESTO DE FLEUR D'AIL DE LA FERME MARIE-ROSELAINE
ET BIGARADE DE CERISES NOIRES
François Vézier – *Auberge sur mer*

CHAUDRÉE SAINT-LAURENT
À LA FLEUR D'AIL DE LA FERME MARIE-ROSELAINE
FRITTATA DE CHÈVRE D'OR DES LÉGENDES CAPRINES
Martin Ashby – *Hôtel Rimouski*

DARNES D'ANGUILLE GRILLÉES DES PÊCHERIES OUELLET
Luc Généreux – *Au Relais de Kamouraska*

GRILLADE DE CERF ROUGE, TARTELETTE AUX CHAMPIGNONS
CHANTERELLES JAUNES POÊLÉES ET EN TEMPURA
SAUCE AU THÉ SUCRÉE AU MIEL DE ST-PAUL-DE-LA-CROIX
Hugues Massey – *Auberge du Chemin Faisant*

HOMARD SERVI TIÈDE
RACINES DE PERSIL DE LA FERME BIOLOGIQUE VAL-AUX-VENTS
ET CITRON MI-CONFIT
Auberge du Mange Grenouille

JARRET D'AGNEAU BRAISÉ DU KAMOURASKA ET SON JUS
TOMATES CONFITES, PÂTISSON MANDAN
DE LA SOCIÉTÉ DES PLANTES
FARCI DE LÉGUMES SAUTÉS AUX LARDONS
Yvon Robert – *La Solaillerie*

LAPIN EN CROÛTE AUX PRUNES
DE LA MAISON DE LA PRUNE
Manon Lévesque – *Le Saint-Patrice*

LONGE D'AGNEAU DE PRÉ SALÉ DE LA FERME CÉNÉ-LOUIS
AU FROMAGE BLEU DE LAVOYE
Gilles Laforest – *Hôtel Levesque*

MIGNON DE PORC FARCI À L'AGNEAU MARINÉ AVIBIER
AUX PARFUMS D'ICI
GLACE AU VAL-AMBRÉ DU DOMAINE ACER
Sylvain Gagnon – *Hôtel Universel RDL*

PAPILLOTES D'ESTURGEON DU BAS-DU-FLEUVE
AU VIN BLANC
Luc Généreux – *Au Relais de Kamouraska*

SUPRÊME DE PINTADE FERMIÈRE AUX BOLETS JAUNES
Marc Dupont – *La Maison Ronde*

AIGUILLETTE DE CANARD FUMÉ À L'ÉRABLE
SUR CONFIT D'OIGNON AU CHARLES-AIMÉ ROBERT DU DOMAINE ACER

4 portions

4	poitrines de canard de 170 g (6 onces) fumées à froid	
30 ml	sirop d'érable	2 c. à soupe
	sel et poivre	

Sauce

15 ml	huile d'olive	1 c. à soupe
3	échalotes françaises émincées	
60 ml	sirop d'érable	1/4 tasse
60 ml	fond de gibier	1/4 tasse
30 ml	porto d'érable Charles-Aimé Robert	2 c. à soupe
5 ml	beurre manié	1 c. à thé
2,5 ml	poivre concassé	1/2 c. à thé

Confit d'oignon

15 ml	huile d'olive	1 c. à soupe
1	gros oignon	
24	petits oignons à mariner	
60 ml	sirop d'érable	1/4 tasse
60 ml	porto d'érable Charles-Aimé Robert brin de thym sel et poivre	1/4 tasse

Dans une poêle allant au four, faites saisir les poitrines de canard, côté gras au fond de la poêle d'abord. Lorsque le gras est bien coloré, tournez les poitrines et faites-les cuire pendant 1 minute. Tournez de nouveau. Salez et poivrez, et nappez de sirop d'érable.

Faites cuire au four à 180 °C (350 °F) pendant 6 à 8 minutes. Le canard doit être entre saignant et rosé. Taillez en aiguillettes et disposez-les sur le confit d'oignon. Versez un peu de sauce chaude avant de servir.

Dans une poêle, versez l'huile et faites suer l'échalote avec le poivre. Déglacez avec le sirop d'érable et faites réduire de moitié. Mouillez avec le fond de gibier et liez avec le beurre manié. Laissez frémir pendant 5 minutes et versez le porto d'érable.

Dans une poêle, versez l'huile et faites suer les oignons hachés finement jusqu'à obtention d'une coloration légère. Versez le sirop d'érable, ajoutez le thym, le sel et le poivre, et laissez mijoter environ 2 minutes. Déglacez avec le porto d'érable et laissez réduire de moitié.

Voir Domaine Acer pages 22 et 31

CAILLE ROYALE FARCIE DE SON ŒUF
PESTO DE FLEUR D'AIL
DE LA FERME MARIE-ROSELAINE
ET BIGARADE DE CERISES NOIRES

4 portions

4	cailles royales désossées	
1	carotte	
	branche de persil frais ciselé	
1	branche de céleri	
2	feuilles de laurier écrasées	
	pincée de thym séché	
	filet de gin extra sec	
	sel et poivre	
400 g	chair de volaille	14 1/2 onces
	et de porc hachée	
4	branches de persil	
2	échalotes françaises	
1	branche de céleri	
1	œuf entier	
2,5 ml	gin extra sec	1/2 c. à thé
4	œufs de caille	

Pesto

250 ml	fleur d'ail	1 tasse
60 ml	huile d'olive	1/4 tasse
60 ml	eau glacée	1/4 tasse
	poivre	

La veille, étalez les cailles désossées (sauf les cuisses, dont on laissera l'os). Salez et poivrez. Taillez la carotte et la branche de céleri en brunoise. Ajoutez le persil, le laurier, le thym et le filet de gin. Laissez mariner toute la nuit au frais.

Assaisonnez la chair de volaille et de porc hachée, ajoutez le persil, les échalotes et le céleri. Mélangez en ajoutant l'œuf et le gin jusqu'à ce que la gélatine naturelle de la farce ressorte. Réservez au frais.

Le lendemain, retirez les légumes de la marinade des cailles, et, en malaxant de nouveau, incorporez-les à la farce.

Dans une casserole, faites cuire les œufs de caille dans de l'eau légèrement salée pendant environ 3 minutes. Écaillez-les. Gardez-les entiers.

Étalez les cailles et partagez la farce à part égale. Au centre, déposez un œuf de caille en exerçant une légère pression pour l'enfouir dans la farce. Reconstituez la caille et placez-la sur une plaque allant au four. Mettez un peu de fond, salez et poivrez. Terminez la cuisson au four à 180 °C (350 °F) pendant environ 25 minutes.

Au robot culinaire, pulvérisez la fleur d'ail ; ajoutez le poivre, l'huile, puis l'eau. Montez en émulsion.

Voir Ferme Marie-Roselaine pages 23 et 29

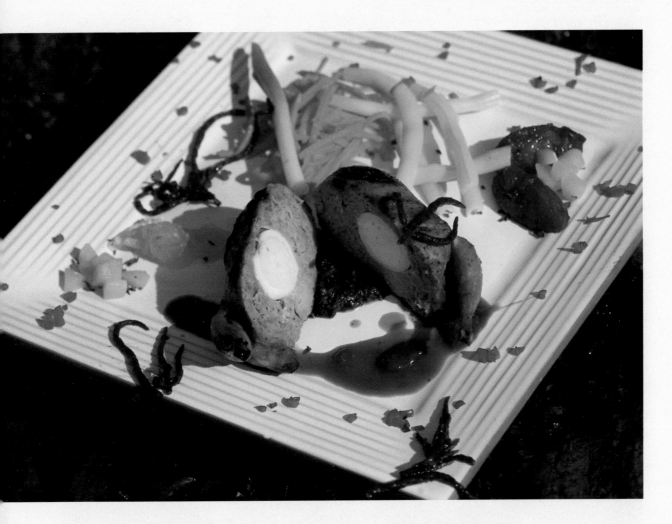

Dans une casserole, versez le sucre et le vinaigre et laissez mijoter à feu doux jusqu'à obtention d'un caramel clair. Déglacez avec le jus de cerises noires et faites réduire de moitié. Mouillez avec le fond de caille et laissez frémir pendant 5 minutes. Écumez au besoin. Vérifiez l'assaisonnement et passez au chinois.

À l'aide d'un fouet, incorporez la noisette de beurre. Ajoutez les cerises.

Bigarade de cerises noires

1 boîte	cerises noires de 142 g (5 onces)	
310 ml	fond de caille légèrement lié	1 1/4 tasse
	noisette de beurre bien froid	
30 ml	sucre	2 c. à soupe
60 ml	vinaigre blanc	1/4 tasse

81

CHAUDRÉE SAINT-LAURENT
À LA FLEUR D'AIL DE LA FERME MARIE-ROSELAINE
FRITTATA DE CHÈVRE D'OR DES LÉGENDES CAPRINES

Voir Ferme Marie-Roselaine pages 23 et 29

Voir Les Légendes Caprines du Bas-du-Fleuve page 125

Dans un fait-tout, versez l'huile d'olive et faites suer sans colorer les carottes, l'oignon, le céleri taillés en brunoise et la fleur d'ail. Salez et poivrez. Incorporez tous les poissons et les fruits de mer, et laissez frémir pendant 3 à 4 minutes. Mouillez avec le vin blanc et amenez à ébullition.

Versez le fumet, la crème, ajoutez le piment, la ciboulette et le poivre rose.

Dès que le bouillon bout, la chaudrée est prête à servir.

4 portions

30 ml	huile d'olive	2 c. à soupe
30 ml	carottes	2 c. à soupe
60 ml	oignon	1/4 tasse
60 ml	céleri	1/4 tasse
15 ml	fleur d'ail	1 c. à soupe
24	moules décortiquées	
16	crevettes moyennes, décortiquées et nettoyées	
60 ml	crevettes nordiques	1/4 tasse
60 ml	petits pétoncles	1/4 tasse
160 ml	chair de homard	2/3 tasse
125 ml	chair de morue	1/2 tasse
125 ml	chair de flétan	1/2 tasse
60 ml	saumon fumé	1/4 tasse
60 ml	chair de saumon	1/4 tasse
125 ml	vin blanc	1/2 tasse
500 ml	fumet de homard	2 tasses
500 ml	crème 35 %	2 tasses
	pincée de piment jalapeño sec moulu	
5 ml	ciboulette ciselée	1 c. à thé
	pincée de poivre rose	
2,5 ml	sel de mer	1/2 c. à thé
	poivre du moulin	

Tranchez les pommes de terre et réservez-les dans l'eau fraîche.

Dans une poêle allant au four, versez l'huile d'olive et faites blondir l'oignon. Ajoutez le bacon, la fleur d'ail et le thym. Couvrez de tranches de pommes de terre. Déposez le couvercle sur la poêle et laissez cuire pendant 4 minutes.

Retirez le couvercle et ajoutez les œufs battus avec le sel, le poivre et la ciboulette. Couvrez de fromage râpé et terminez la cuisson au four à 160 °C (325 °F), pendant environ 35 minutes.

Frittata

500 ml	pommes de terre Yukon Gold	2 tasses
5 ml	huile d'olive	1 c. à thé
1	gros oignon	
60 ml	bacon émincé	1/4 tasse
2,5 ml	fleur d'ail	1/2 c. à thé
	brin de thym	
6	œufs	
2,5 ml	ciboulette ciselée	1/2 c. à thé
185 ml	fromage Chèvre d'or râpé	3/4 tasse
	sel et poivre du moulin	

DARNES D'ANGUILLE GRILLÉES DES PÊCHERIES OUELLET

Mélangez la farine et les épices à poisson. Enfarinez les darnes individuellement.

Dans une poêle, déposez le beurre et faites sauter les darnes pendant environ 1 minute de chaque côté.

Déposez les darnes sur une plaque allant au four et terminez la cuisson à 160 °C (325 °F) pendant environ 10 minutes.

4 portions

16	darnes d'anguille	
125 ml	farine tout usage	1/2 tasse
30 ml	épices à poisson	2 c. à soupe
30 ml	beurre	2 c. à soupe

Voir Les Pêcheries Ouellet pages 16 et 28

GRILLADE DE CERF ROUGE
TARTELETTE AUX CHAMPIGNONS
CHANTERELLES JAUNES POÊLÉES ET EN TEMPURA
SAUCE AU THÉ SUCRÉE AU MIEL DE ST-PAUL-DE-LA-CROIX

4 portions

2	filets de cerf rouge de 700 g (1 1/2 lb)	
30 ml	huile d'olive	2 c. à soupe
15 ml	beurre	1 c. à soupe

Tartelette aux champignons

500 ml	patates douces taillées en cubes	2 tasses
125 ml	beurre	1/2 tasse
30 ml	échalote française	2 c. à soupe
250 ml	champignons de Paris	1 tasse
	sel et poivre du moulin	
4 petites	abaisses de pâte légèrement salées et cuites	

Chanterelles poêlées et en tempura

250 ml	chanterelles jaunes	1 tasse
30 ml	beurre	2 c. à soupe
15 ml	huile d'olive	1 c. à soupe
1	œuf	
185 ml	eau froide	3/4 tasse
250 ml	farine	1 tasse
2,5 ml	poudre de cari	1/2 c. à thé
2,5 ml	persil	1/2 c. à thé
	pincée de paprika	
15 ml	huile d'olive	1 c. à soupe
	sel et poivre	

Dans une poêle, versez l'huile d'olive et le beurre et saisissez les filets à feu vif. Réservez au chaud pendant quelques minutes. Terminez la cuisson au four préchauffé à 200 °C (400 °F) pendant environ 6 minutes pour un filet saignant.

Dans une casserole, faites cuire les patates douces dans de l'eau salée pendant environ 30 minutes. Égouttez et, au robot culinaire, réduisez en purée. Ajoutez le beurre et assaisonnez.

Émincez les champignons et l'échalote. Dans une poêle, faites sauter jusqu'à ce que l'eau soit évaporée. Remplissez les petites abaisses. Recouvrez de purée de patate douce. Faites cuire au four à 200 °C (400 °F) pendant environ 8 minutes.

Dans une poêle, versez l'huile d'olive et le beurre, et faites sauter les chanterelles, en gardant quelques beaux champignons pour le tempura.

Dans un bol, battez l'œuf et ajoutez l'eau froide en remuant avec des baguettes. Ajoutez graduellement les épices, le persil et la farine. Séchez bien les champignons et enduisez-les avec l'appareil. Faites frire dans l'huile à environ 170 °C (340 °F). Si les champignons remontent à la surface, c'est que l'huile est trop chaude ; s'ils restent au fond, c'est qu'elle ne l'est pas assez.

Sauce au thé

60 ml	beurre	1/4 tasse
30 ml	échalote française émincée	2 c. à soupe
180 ml	vin blanc	3/4 tasse
3	sachets de thé	
180 ml	crème 35 %	3/4 tasse
30 ml	miel	2 c. à soupe
	sel et poivre	

Dans une casserole, versez le beurre et faites revenir l'échalote. Mouillez avec le vin blanc, laissez infuser les sachets de thé et faites réduire pendant quelques minutes.

Incorporez la crème. Salez et poivrez. Ajoutez le miel et laissez épaissir à feu moyen.

HOMARD SERVI TIÈDE

RACINES DE PERSIL DE LA FERME BIOLOGIQUE VAL-AUX-VENTS ET CITRON MI-CONFIT

4 portions

4	homards de 600 g (1 lb 5 onces)	
750 ml	épinards	3 tasses
125 ml	amandes	1/2 tasse
8	racines de persil	
1	citron tranché finement	
80 ml	sucre	1/3 tasse
185 ml	eau	3/4 tasse
185 ml	beurre	3/4 tasse

Dans un fait-tout, faites cuire les homards dans l'eau bouillante salée pendant 10 minutes. Laissez refroidir en laissant égoutter.

Faites blanchir les racines de persil grattées et lavées pendant 3 minutes. Laissez refroidir dans de l'eau glacée.

Faites griller les amandes dans le four préchauffé à 180 °C (350 °F).

Faites confire les tranches de citron dans l'eau et le sucre pendant 10 minutes.

Lavez et essorez les épinards.

Dans une poêle, mettez un peu de beurre et faites sauter les racines de persil. Faites-les ensuite cuire au four à 180 °C (350 °F) pendant 5 à 6 minutes.

Réchauffez les homards doucement dans du beurre fondu légèrement. En même temps, faites sauter les épinards vivement et saupoudrez-les d'amandes grillées.

Voir Ferme biologique Val-aux-Vents page 24

JARRET D'AGNEAU BRAISÉ
DU KAMOURASKA ET SON JUS
TOMATES CONFITES, PÂTISSON MANDAN
DE LA SOCIÉTÉ DES PLANTES
FARCI DE LÉGUMES SAUTÉS AUX LARDONS

4 portions

4	petits jarrets d'agneau d'environ 275 g (10 onces)	
30 ml	huile d'olive	2 c. à soupe
375 ml	brunoise (carotte, branche de céleri, oignon)	1 1/2 tasse
250 ml	porto	1 tasse
1 l	fond d'agneau ou de veau sel, poivre, thym, laurier	4 tasses
4	pâtissons mandan	
10 ml	huile d'olive	2 c. à thé
2	courges d'une autre variété	
250 ml	lardons	1 tasse
2	échalotes françaises émincées sel, poivre, thym	
4	tomates du Québec	
250 ml	huile d'olive biologique	1 tasse
125 ml	basilic et estragon frais, ciselés	1/2 tasse
1	échalote française émincée sel et poivre	

Dans un plat creux allant au four, versez l'huile d'olive et faites revenir la brunoise assaisonnée jusqu'à obtention d'un mélange bien caramélisé. Déglacez avec le porto.

Déposez les jarrets et mouillez avec le fond d'agneau jusqu'à mi-hauteur. Couvrez et faites cuire au four préchauffé à 180 °C (350 °F) pendant 2 heures. Retirez le couvercle et poursuivez la cuisson en arrosant régulièrement avec le jus de cuisson jusqu'à ce que la chair se détache facilement de l'os. Réservez les jarrets et faites réduire le jus à feu vif jusqu'à obtention d'une consistance sirupeuse. Remettez les jarrets dans le plat et retournez-les pour bien les mouiller.

Enlevez le dessus des pâtissons mandan et videz-les. Dans une poêle antiadhésive, versez un peu d'huile et faites sauter les courges taillées en dés avec les lardons, les échalotes et l'assaisonnement. Remplissez les pâtissons de ce mélange et faites cuire au four à 180 °C (350 °F) pendant environ 30 minutes ou jusqu'à ce que la chair soit bien tendre. Réservez au chaud.

Pelez et mondez les tomates. Coupez-les en quartiers et badigeonnez-les d'huile d'olive. Salez et poivrez. Déposez-les sur une plaque allant au four et faites-les cuire à 150 °C (300 °F) pendant environ 30 minutes ou jusqu'à ce qu'elles aient perdu leur jus en réduisant de moitié. Réservez au chaud.

Dans une poêle, versez un filet d'huile d'olive et faites suer l'échalote. Dans un bol, mélangez l'huile d'olive, les tomates, l'échalote, le basilic et l'estragon.

Voir La Société des plantes pages 18 et 28

LAPIN EN CROÛTE AUX PRUNES
DE LA MAISON DE LA PRUNE

À l'aide d'un couperet, débitez le lapin en séparant les cuisses et les épaules. Taillez la carcasse en morceaux d'environ 4 centimètres (1 1/2 po).

Dans une poêle, versez l'huile et le beurre et saisissez à feu vif. Faites cuire jusqu'à obtention d'une coloration dorée. Salez et poivrez. Flambez au cognac. Réservez au chaud.

Dans cette poêle, déposez les échalotes françaises. Faites suer, puis mouillez avec le vin blanc. Laissez réduire jusqu'à obtention d'une consistance sirupeuse. Ajoutez la demi-glace et la purée de prunes et laissez mijoter pendant quelques minutes.

Incorporez le lapin à la sauce et faites cuire à couvert pendant environ 1 1/2 heure ou jusqu'à ce que la chair se détache facilement des os. Désossez le lapin et incorporez la chair à la sauce. Ajoutez la crème. Répartissez dans quatre ramequins, couvrez d'une pâte feuilletée, badigeonnez-la de jaune d'œuf et faites dorer au four préchauffé à 200 °C (400 ° F).

4 portions

1	lapin de 2 kg (4 1/2 lb)	
30 ml	huile d'olive	2 c. à soupe
30 ml	beurre	2 c. à soupe
30 ml	cognac	2 c. à soupe
2	échalotes françaises émincées	
250 ml	vin blanc	1 tasse
1 l	fond brun ou demi-glace	4 tasses
250 ml	purée de prunes	1 tasse
125 ml	crème 35 %	1/2 tasse
1	jaune d'œuf	
	sel et poivre du moulin	
400 g	pâte feuilletée	14 onces

Voir La Maison de la prune pages 19 et 28

LONGE D'AGNEAU DE PRÉ SALÉ DE LA FERME CÉNÉ-LOUIS
AU FROMAGE BLEU DE LAVOYE

Dans une assiette, déposez la longe d'agneau et saupoudrez-la avec la poudre d'ail, la moutarde et le poivre du moulin. Laissez mariner au réfrigérateur pendant une heure.

Dans une poêle, faites fondre le beurre et l'huile. Déposez la longe d'agneau et saisissez-la de toutes parts. Terminez la cuisson au four à 150 °C (300 °F) pendant environ 10 minutes. À la sortie du four, retirez la longe et réservez-la au chaud.

Remettez la poêle sur le feu, versez le vin blanc et laissez mijoter jusqu'à réduction presque complète. Ajoutez le fond d'agneau et faites réduire de moitié ; ajoutez la crème. Réchauffez légèrement.

Dans la sauce, déposez le fromage bleu juste assez longtemps pour le faire fondre.

4 portions

1	longe d'agneau de pré salé de 600 g (1 lb 5 onces)	
	noisette de beurre	
	filet d'huile d'olive	
	pincée de moutarde en poudre	
	pincée de poudre d'ail	
	poivre du moulin	
60 ml	vin blanc sec	1/4 tasse
250 ml	fond d'agneau ou bouillon de poulet léger	1 tasse
30 ml	crème 35 %	2 c. à soupe
15 ml	fromage bleu De Lavoye	1 c. à soupe

Voir Ferme Céné-Louis page 125

Voir Fromagerie De Lavoye page 31

MIGNON DE PORC FARCI À L'AGNEAU MARINÉ AVIBIER
AUX PARFUMS D'ICI
GLACE AU VAL-AMBRÉ DU DOMAINE ACER

4 portions

2	filets de porc de 250 g (9 onces)	
6	tranches d'agneau mariné	
1	échalote verte ciselée	
15 ml	carotte en brunoise	1 c. à soupe
15 ml	céleri en brunoise	1 c. à soupe
1	blanc d'œuf	
15 ml	pineau Val-Ambré	1 c. à soupe
	sucre d'érable granulé	
	sel et poivre	

Sauce

125 ml	pineau Val-Ambré	1/2 tasse
1	échalote française émincée	
375 ml	demi-glace	1 1/2 tasse

Taillez les extrémités des filets pour uniformiser leur taille. Ouvrez-les en escalopes. Salez et poivrez. Réservez.

Au robot culinaire, hachez la chair de porc taillée des extrémités avec l'agneau mariné et incorporez la brunoise de carotte et de céleri, le blanc d'œuf, l'échalote et le pineau. Ajoutez un peu de sucre d'érable à la farce.

Déposez la farce à l'intérieur des filets. Refermez-les et déposez-les dans une rôtissoire (ouverture vers le bas). Faites cuire au four à 160 °C (325 °F) pendant environ 20 minutes. Taillez les filets en rouelles.

Dans un poêlon, versez le Val-Ambré, ajoutez l'échalote et la demi-glace. Laissez frémir à feu doux pendant 3 ou 4 minutes. Nappez les mignons.

Voir Domaine Acer pages 22 et 31
Voir Avibier page 21

PAPILLOTES D'ESTURGEON DU BAS-DU-FLEUVE
AU VIN BLANC

4 portions

800 g	esturgeon	1 lb 12 onces
20 ml	beurre à l'ail	4 c. à thé
125 ml	vin blanc sec	1/2 tasse
4	rondelles d'oignon	
	sel, poivre, aneth	
	papier d'aluminium	

Préparez quatre feuilles de papier d'aluminium, relevez les contours pour empêcher le liquide de s'échapper. Dans chaque feuille, déposez le quart du beurre à l'ail, une portion d'esturgeon et assaisonnez de sel, de poivre et d'aneth.

Coiffez d'une rondelle d'oignon et versez le vin blanc en parts égales.

Refermez les papillotes hermétiquement. Faites cuire à la vapeur pendant environ 25 minutes.

SUPRÊME DE PINTADE FERMIÈRE
AUX BOLETS JAUNES

4 portions

4	filets de pintade de 100 g (3 1/2 onces)	
400 g	bolets jaunes	14 onces
60 ml	beurre	1/4 tasse
2	échalotes françaises émincées	
185 ml	fond de pintade	3/4 tasse
185 ml	crème 35 %	3/4 tasse
	sel et poivre	

Pelez et émincez les échalotes finement. Nettoyez les champignons.

Dans une poêle, déposez la moitié du beurre et faites blondir les échalotes. Ajoutez les bolets jaunes. Salez et poivrez, et laissez frémir en remuant de temps en temps pendant environ 5 minutes.

Dans une poêle en acier inoxydable, déposez le reste du beurre, puis les suprêmes. À feu moyen, faites cuire pendant 10 minutes en commençant par le côté peau. Une fois bien colorés, salez et poivrez, et mouillez avec le fond de pintade. Incorporez les bolets et la crème, et terminez la cuisson à feu doux.

Douceurs

CONFITURE DE FRAISES À L'ESTRAGON
ET AU SUCRE D'ÉRABLE DU DOMAINE ACER
Nathalie Decaigny – *Domaine Acer*

CRÈME BRÛLÉE À L'ÉRABLE
GRANITÉ AU VAL-AMBRÉ DU DOMAINE ACER
NAGE DE GRIOTTES
Auberge du Mange Grenouille

CROQUANT À L'ÉRABLE DE CHEZ JEAN-PIERRE
ET AUX POMMES DE LA MANNE ROUGE
Maryse Tardif – *Hôtel Levesque*

GLACE AU MIEL BIOLOGIQUE DE LA MIELLERIE LE MYOSOTIS
ET À LA LAVANDE DU POTAGER
CRÈME FLEURETTE AU SAFRAN ET À L'HUILE DE VANILLE
Yvon Robert – *La Solaillerie*

SORBET AUX FRAMBOISES DES PRÉS
Manon Lévesque – *Le Saint-Patrice*

TARTE AU SIROP D'ÉRABLE DU RANG MISSISSIPPI
Marc Dupont – *La Maison Ronde*

TARTELETTES AUX POIRES ET AU SUCRE D'ÉRABLE
Brigitte Dubé – *Croqu'érable*

CONFITURE DE FRAISES À L'ESTRAGON
ET AU SUCRE D'ÉRABLE DU DOMAINE ACER

1 kg	fraises fraîches écrasées	2 lb 3 onces
750 ml	sucre d'érable râpé	3 tasses
10	branches d'estragon	

Dans un fait-tout, déposez les fraises et le sucre d'érable. Amenez doucement à ébullition.

Ajoutez les branches d'estragon emprisonnées dans une étamine. Faites cuire à feu modéré en remuant souvent, pendant environ 30 minutes, jusqu'à obtention d'une consistance de confiture.

Retirez l'estragon. Écumez et versez dans des bocaux stérilisés et chauds. Scellez bien.

Voir Domaine Acer pages 22 et 31

CRÈME BRÛLÉE À L'ÉRABLE
GRANITÉ AU VAL-AMBRÉ DU DOMAINE ACER
NAGE DE GRIOTTES

4 portions

45 ml	sirop d'érable	3 c. à soupe
45 ml	lait	3 c. à soupe
140 ml	crème 35 %	1/2 tasse + 1 c. à soupe
2	jaunes d'œufs	
15 ml	sucre	1 c. à soupe
2,5 ml	vanille	1/2 c. à thé
15 ml	mélange de sucre blanc et de sucre brun	1 c. à soupe

Dans une casserole, faites réduire le sirop d'érable de moitié. Faites chauffer le lait et la crème, et ajoutez la vanille.

Dans un bol, blanchissez les jaunes d'œufs dans le sucre. À l'aide d'un fouet, incorporez les ingrédients liquides aux jaunes d'œufs.

Versez l'appareil dans des ramequins. Faites cuire au bain-marie au four à 160 °C (325 °F) pendant environ 35 à 40 minutes.

Au moment de servir, saupoudrez le mélange de sucre blanc et de sucre brun sur la crème. Colorez le sucre au chalumeau ou à l'aide d'un fer à crème brûlée.

Granité

100 ml	pineau Val-Ambré	3/8 tasse
100 ml	eau ou jus de pomme	3/8 tasse
45 ml	sucre	3 c. à soupe

Dans un bol, mélangez tous les ingrédients à froid. Versez dans une lèche-frite et placez-la au congélateur. Grattez à la fourchette toutes les demi-heures.

Nage de griottes

20	griottes	
	jus d'un demi-citron	
45 ml	pineau Val-Ambré	3 c. à soupe
25 ml	sirop d'érable	5 c. à thé
25 ml	eau	5 c. à thé

Dans une casserole, faites bouillir le pineau, le sirop d'érable et l'eau. Ajoutez le jus de citron, puis les cerises.

Voir Domaine Acer pages 22 et 31

CROQUANT À L'ÉRABLE DE CHEZ JEAN-PIERRE
ET AUX POMMES DE LA MANNE ROUGE

2	pommes moyennes	
125 ml	caramel d'érable	1/2 tasse
30 ml	beurre	2 c. à soupe
2	génoises tranchées minces	

Pelez et coupez les pommes en petits dés. Dans une poêle, déposez le beurre et faites cuire les pommes doucement. Versez le caramel d'érable. Laissez refroidir. Retirez les pommes et réservez. Passez le caramel au chinois. Réservez.

Mousse

4	jaunes d'œufs	
250 ml	sirop d'érable	1 tasse
75 g	gélatine	2 1/2 onces
500 ml	crème 35 %	2 tasses
	eau froide	

Dans un grand bol, montez les jaunes d'œufs au batteur. Dans une casserole, faites chauffer le sirop. Faites monter la gélatine dans l'eau froide, ajoutez au sirop, puis versez doucement sur les jaunes d'œufs. Laissez refroidir, puis ajoutez la crème.

Dans un moule à charnière de 20 cm (8 po), déposez la première génoise au fond, puis la moitié de la mousse. Déposez les pommes, puis la seconde génoise. Versez le reste de la mousse. Réservez au congélateur pendant au moins 12 heures.

Miroir

185 ml	confiture d'abricots	3/4 tasse
60 ml	sirop d'érable	1/4 tasse

Passez la confiture d'abricots au chinois. Dans une casserole, faites chauffer les abricots et le sirop d'érable. Versez sur le-dessus du gâteau et, à l'aide d'une spatule à glacer, créez un miroir.

Voir Chez Jean-Pierre page 125
Voir La Manne Rouge page 29

GLACE AU MIEL BIOLOGIQUE DE LA MIELLERIE LE MYOSOTIS ET À LA LAVANDE DU POTAGER
CRÈME FLEURETTE AU SAFRAN ET À L'HUILE DE VANILLE

4 à 6 portions

Matériel : une sorbetière

Glace

60 ml	lait	1/4 de tasse
60 ml	crème 35 %	1/4 de tasse
100 g	lavande fraîche	3 1/2 onces
6	jaunes d'œufs fermiers	
80 ml	miel biologique liquide	1/3 tasse

Crème fleurette au safran

125 ml	crème 35 %	1/2 tasse
30 ml	sucre fin doré	2 c. à soupe
	pincée de safran	

Huile de vanille

250 ml	huile d'olive biologique première pression à froid	1 tasse
1	gousse de vanille	
20 ml	sucre fin doré	4 c. à thé

Dans une casserole, faites chauffer le lait et la crème jusqu'à obtention d'un léger frémissement, sans amener à ébullition. Faites infuser la lavande dans le lait chaud.

Pendant ce temps, dans un bain-marie, déposez les jaunes d'œufs et incorporez le miel. Blanchissez ce mélange en le fouettant sans arrêt. Versez l'infusion de lavande dans l'appareil en fouettant énergiquement, pour le faire mousser, puis fouettez doucement jusqu'à obtention de la consistance d'une crème anglaise. Réservez au réfrigérateur jusqu'à refroidissement complet de l'appareil. Passez au chinois.

Versez l'appareil dans la sorbetière et faites turbiner jusqu'à obtention d'une consistance épaisse (30 à 60 minutes).

Versez la glace dans un plat profond et placez-le au congélateur jusqu'au moment de servir.

Deux à huit jours avant l'utilisation :

Dans une casserole, faites chauffer la crème avec le sucre et le safran. Laissez refroidir. Conservez dans un bocal au réfrigérateur.

Fendez la gousse de vanille sur toute sa longueur. Dans une casserole, faites chauffer l'huile d'olive avec le sucre et la gousse de vanille jusqu'à ce que vous sentiez de la chaleur se dégager en plaçant votre main au-dessus de la casserole. Laissez refroidir et conservez dans un bocal à l'abri de la lumière. Cette huile se conservera pendant plusieurs semaines.

Au moment de servir, après avoir déposé la glace dans l'assiette à dessert, ajoutez 15 ml (1 c. à thé) d'huile de vanille à la crème fleurette. Versez autour de la glace.

SORBET AUX FRAMBOISES DES PRÉS

Dans une casserole, amenez l'eau, le sucre et le jus de citron à ébullition. Laissez mijoter jusqu'à obtention d'une consistance lisse. Laissez refroidir complètement.

Pendant ce temps, au robot culinaire, réduisez les framboises en purée et incorporez le sucre. Passez la pulpe au chinois.

Versez le sirop sur la pulpe. Versez l'appareil dans la sorbetière et faites turbiner jusqu'à obtention d'une consistance épaisse.

Réservez au congélateur pendant 8 heures.

4 portions

Matériel : une sorbetière

250 ml	eau	1 tasse
250 ml	sucre	1 tasse
	jus d'un citron	
500 ml	framboises	2 tasses
45 ml	sucre	3 c. à table

TARTE AU SIROP D'ÉRABLE DU RANG MISSISSIPPI

1	abaisse de pâte	
80 ml	beurre doux	1/3 tasse
80 ml	sirop d'érable	1/3 tasse
2,5 ml	vanille	1/2 c. à thé
250 ml	sucre brun	1 tasse
	pincée de sel	
2	œufs battus	
15 ml	farine	1 c. à soupe

Sur une surface légèrement enfarinée, et à l'aide d'un rouleau à pâtisserie, abaissez la pâte à 2,5 mm (1/2 po) d'épaisseur. Déposez l'abaisse dans une assiette à tarte de 23 cm (9 po) enfarinée. Réservez.

Dans une casserole, faites fondre le beurre à feu moyen. Ajoutez le sirop d'érable, la vanille, le sucre brun et le sel. Mélangez bien. Retirez la casserole de la chaleur. Incorporez les œufs battus.

Versez l'appareil dans l'abaisse et faites cuire dans un four préchauffé à 180 °C (350 °F) pendant 18 minutes ou jusqu'à ce que la croûte soit dorée et la garniture, bouillonnante.

TARTELETTES AUX POIRES
ET AU SUCRE D'ÉRABLE

Mélangez bien les ingrédients secs tamisés. Ajoutez la graisse végétale et coupez jusqu'à ce que la graisse soit de la taille d'un petit pois. Disposez en fontaine.

Dans un verre avec couvercle, mettez l'œuf, l'eau et le vinaigre. Agitez pour mélanger. Versez au centre de la fontaine et incorporez doucement à l'aide d'une fourchette.

Façonnez 2 boules de pâte et enveloppez-les d'un papier pellicule. Placez-les au réfrigérateur pendant 30 à 60 minutes.

Coupez les poires pelées en deux et faites-les tremper dans l'eau citronnée pendant 5 minutes. Déposez-les dans des fonds de pâte brisée non cuite (environ 10 cm/4 po).

Dans un petit bol, à l'aide d'un fouet, mélangez bien le sucre d'érable, la farine, le sel et la crème. Ajoutez la cannelle, la vanille et l'angustura. Versez sur les poires.

Faites cuire au four à 200 °C (400 °F) pendant 10 minutes. Réduisez l'intensité de la chaleur à 180 °C (350 °F) et poursuivez la cuisson pendant 10 minutes.

6 portions

Pâte brisée

500 ml	farine	2 tasses
4 ml	sel	3/4 c. à thé
250 ml	graisse végétale	1 tasse
1	œuf	
30 ml	eau froide	2 c. à soupe
15 ml	vinaigre blanc	1 c. à soupe

Garniture

3	poires	
	eau citronnée	
125 ml	sucre d'érable granulé	1/2 tasse
45 ml	farine	3. c. à soupe
	pincée de sel	
185 ml	crème 35 %	3/4 tasse
	pincée de cannelle	
2,5 ml	vanille	1/2 c. à thé
3 gouttes	angustura	

Voir Croqu'érable page 125

REMERCIEMENTS

J'exprime ma gratitude...

...à Pierre Fraser, pour m'avoir guidée à la découverte de cette région magnifique, pour avoir partagé mon enthousiasme et, surtout, pour avoir eu foi en mon projet.

...à Gilles Giraud, pour m'avoir prêté ses talents de réviseur linguistique, et à Christiane Caya pour avoir vérifié les recettes avec beaucoup de minutie.

...à Paul-Louis Martin, pour avoir partagé ses connaissances sur les débuts de l'agriculture dans le Bas-Saint-Laurent.

...à tous les artisans, producteurs, cuisiniers et aubergistes, pour la générosité qu'ils m'ont témoignée en me recevant chez eux. Malgré leurs horaires chargés, ils se sont pliés aux exigences d'une entrevue, ils ont rédigé des recettes et préparé des plats, et ils se sont aimablement prêtés aux séances de photos.

...à Raymond Martel, conseiller régional au ministère de l'Agriculture, des Pêcheries et de l'Alimentation du Bas-Saint-Laurent, pour m'avoir mise en contact avec des producteurs et des personnes-ressources, et cela, avec beaucoup de patience.

...à tous mes amis pour leurs encouragements.

Le Bas-Saint-Laurent • La destination de vos vacances

Mer nourricière et généreuses campagnes, finesses du terroir et gourmands plaisirs, savoir-faire unique et imagination débordante, hospitalité légendaire et douce joie de vivre… La table est mise pour une expérience authentique. Pour recevoir le guide touristique officiel de la région : Tél.: (418) 867-3015 • 1 800 563-5268 www.tourismebas-st-laurent.com • atrsbsl@qc.aira.com

INDEX DES RECETTES

INDEX DES RECETTES *(SUITE)*

LES PRODUCTEURS ARTISANS

Avibier
Centre agroalimentaire P.E. Dubé
418-963-7676 ou 1-800-463-0811 poste 514

Croqu'érable
12, rue des Sources Sud
Le Bic
418-736-4028

Domaine Acer
65, route du Vieux Moulin
Auclair
418-899-2825

Chez Jean-Pierre (sucrerie)
23, rue Principale
Saint-Arsène
418-862-1545

Ferme Céné-Louis
418-869-2531

Ferme Marie-Roselaine
379, route 132 Est
L'Isle-Verte
418-898-3514

Fromagerie De Lavoye
224, route 132 Est
Sainte-Luce-sur-Mer
418-739-4116

Fromagerie Le Détour
100, route Tanscanadienne
Notre-Dame-du-Lac
418-899-7000

La Maison de la prune
129, route 132 Est
Saint-André-de-Kamouraska
418-493-2616

La Manne Rouge
318, rue Beaubien
Rivière-du-Loup
418-867-2727

La Société des plantes
207, rang de l'Embarras
Kamouraska
418-492-2493

Légendes Caprines du Bas-du-Fleuve
418-963-3330

Le Mouton Blanc
176, route 230 Ouest
La Pocatière
418-856-6627

Le Myosotis
942, route 230
Saint-Alexandre-de-Kamouraska
418-495-1172

Les Pêcheries Ouellet
38-A, avenue Morel
Kamouraska
418-492-1872

Microboulangerie La Seigneurie
290, rue Lafontaine
Rivière-du-Loup
418-860-3331

Miel naturel St-Paul-de-la-Croix
201, 3e rang Ouest
Saint-Paul-de-la-Croix
418-898-2545

Natur'BŒUF
Disponible dans les supermarchés GP

Saponaria
420, rue Lafontaine
Rivière-du-Loup
418-862-7276

Val-aux-Vents
Saint-Valérien
rfavreau@globetrotter.net

125

Auberge du Mange Grenouille
148, rue Sainte-Cécile
Le Bic
418-736-5656
www.aubergedumangegrenouille.qc.ca

Auberge du Chemin Faisant
12, rue Vieux Chemin
Cabano
418-854-9342 ou 1-877-954-9342
www.cheminfaisant.qc.ca

Auberge La Solaillerie
112, rue Principale
Saint-André-de-Kamouraska
418-493-2914
www.aubergelasolaillerie.com

Auberge sur mer
363, route du Fleuve
Notre-Dame-du-Portage
418-862-0642 ou 1-800-622-0642
www.quebecweb.com/aubesurmer

Au Relais de Kamouraska
253, avenue Morel
Kamouraska
418-492-6246
cahuita@globetrotter.net

La Distinction (Restaurant)
Hôtel Levesque
171, rue Fraser
Rivière-du-Loup
418-862-6927 ou 1-800-463-1236
www.hotellevesque.com

La Seigneurie (Restaurant)
Hôtel Rimouski
225, boul. René-Lepage Est
Rimouski
418-725-5000 ou 1-800-463-0755
www.hotelrimouski.com

La Maison Ronde
183, rang Mississipi
Saint-Germain-de-Kamouraska
418-492-3036
www.lamaisonronde.ca

La Verrière (Restaurant)
Hôtel Universel
311, boul. de l'Hôtel-de-ville
Rivière-du-Loup
418-862-9520 ou 1-800-265-0072
www.hotuniverdl.com

Le Saint-Patrice
169, rue Fraser
Rivière-du-Loup
418-862-9895
www.restaurantlestpatrice.ca